人文阅读与收藏·良友文学丛书

舒乙题

原丛书主编：赵家璧

特 邀 顾 问：舒　乙　赵修慧　赵修义　赵修礼　于润琦

出 品 人：马连弟
监　　制：李晓琤
执　　行：张娟平
统　　筹：吴　晞　姚　兰
装帧设计：赵泽阳

特别鸣谢（按姓氏笔画排列）：
韦　韬　叶永和　李小林　沈龙朱　陈小滢　杨子耘
张　章　周　雯　周吉仲　舒　乙　蒋祖林　施　莲
姚　昕　俞昌实　钟　蕻　郑延顺　赵修慧
以及在版权联系过程中尚未联系到的作者或家属

特别鸣谢：
上海鲁迅纪念馆
北京鲁迅博物馆
北京大学中国语言文学系
复旦大学中国语言文学系
中国作家协会权益保障委员会

人文阅读与收藏·良友文学丛书

记丁玲

沈从文 著

中国国际广播出版社

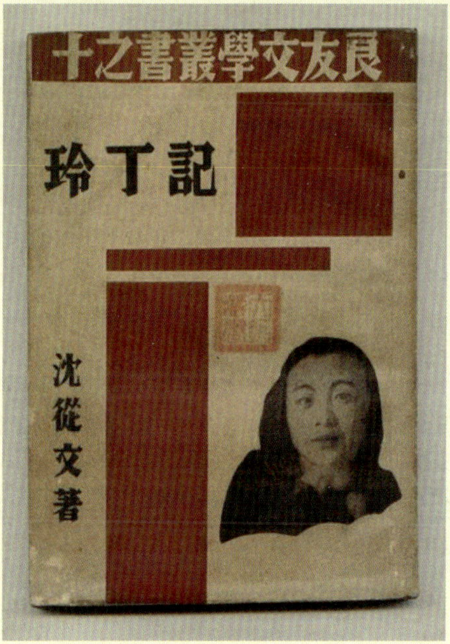

良友版《记丁玲》平装本封面

良友版《记丁玲》精装本沈从文第20号签名本

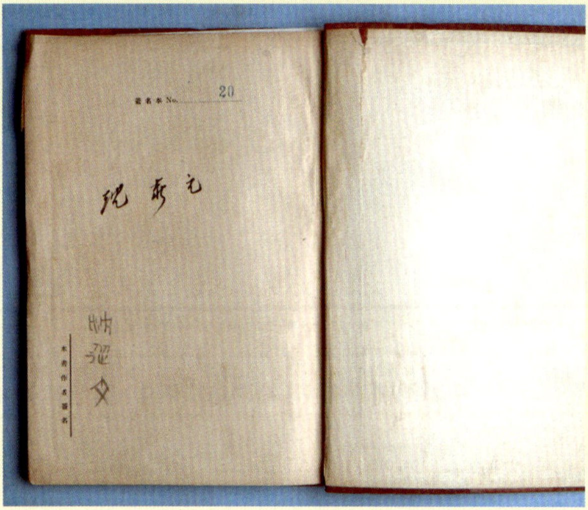

良友版《记丁玲》编号页

良友版《记丁玲》扉页

良友版《记丁玲》内文插图

良友版《记丁玲》内文

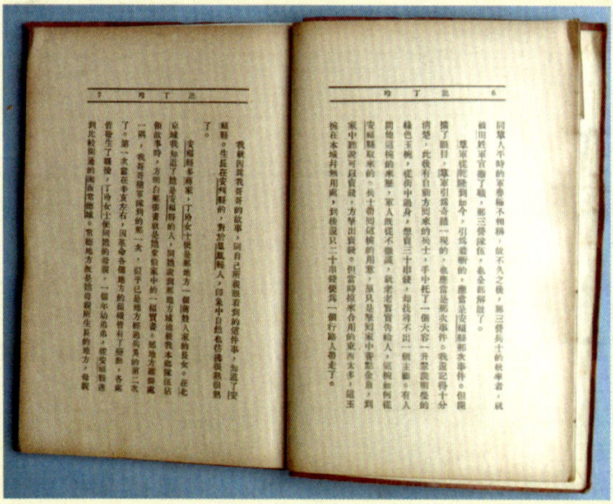
記丁玲　6

同輩人平時的軍營極不相稱，故不久之後，那三營兵士的缺乘者，就被田姓軍官撤了職，那三營隊伍，也全部解散了。

筸軍從前歷到如今，引為遺憾的，應當是安福縣那次事件。但開擴了眼目，筸軍引為奇蹟一現的，也應當是那次事件。我還記得十分清楚，此後有自前方回來的兵士，手中托了一個大容一升翡翠明瑩的綠色玉碗，從街中過身，想賣三十串錢，却找尋不出一個主顧。有人問他這碗的來歷，軍人既從不撒謊，就老老實實告給人，這碗如何從安福縣取來的。兵士帶回這碗的用意，原只是想回家中賣點金錢，到家中聽說可以賣錢，方拏出賣錢。但當時拿來合用的東西太多，這玉碗在本城并無用處，到後還只二十串錢便為一個行路人帶走了。

記丁玲　7

我歡喜聽我哥哥的故事，同自己所親眼看到的這件事，知道了安福縣。生長在安福縣的，對於這裏縣人，印象中自然也彷彿很熟很熟了。

安福縣本地家，丁玲女士便是那地方一個蔣姓人家的長女。在北京城我知道了她是安福縣的人，同她說到那地方城池與我本地隊伍站駐故事時，方明白那些實實就是她家中的一個實書。那地方離都歲一點，我哥哥聽軍隊到的那一次，似乎已是地方經過兵災的第二次了。第一次當在辛亥左右，因革命各個地方的組織皆有了變動，各家皆發生了騷擾，丁玲女士便同她的母親，一個年幼的弟，從安福縣遷到比較繁盛的常德縣城。常德地方便是她母親所生長的地方，母親

《良友文学丛书》新版出版说明

二十世纪三四十年代，著名编辑赵家璧在上海良友图书公司老板伍联德的支持下，历经十余年，陆续出版《良友文学丛书》，计四十余种。其中三十九种在上海出版，各书循序编号，后出几种则无。该套丛书以收入当时左翼及进步作家的作品为主，也选入其他各派作家作品。其中小说居多，兼及散文和文艺论著；第一号是鲁迅的译作《竖琴》。丛书一律软布面精装（亦有平装普及本），外加彩印封套，书页选用米色道林纸，售价均为大洋九角。

《良友文学丛书》选目精良，在现在看来，皆为名家名作；布面精装的装帧更是被许多爱书人誉为“有型有款”。不可否认，在装帧设计日益进步的当下，这套出版于二十世纪三四十年代的丛书外形已难称书中翘楚，但因岁月洗汰，人为毁弃，这套曾在出版史上一度“金碧辉煌”过的丛书首版已然成为新文学极其珍贵的稀见“善本”。

在《良友文学丛书》首版八十周年之际，为满足现代普通读者和图书馆对该丛书阅读与收藏的需求，我们依据《良友文学丛书》旧版进行再版（四种特大本不在其列）。本着尊重旧版原貌的原则，仅对旧版中失校之处予以订正。新版《良友文学丛书》采用简体横排的形式，以旧版书影做插图，装帧力求保持旧版风格，又满足当下读者的审美趣味。希望这一出版活动对缅怀中国出版前辈们的历史功绩和传承中国文化有所裨益，也希望广大读者多提宝贵意见和建议，以便我们把日后的工作做得更好。

《良友文学丛书》新版校订说明

一、本丛书收录原良友图书公司编辑赵家璧主编《良友文学丛书》共四十六种（四种特大本不在其列），乃为目前发现且确系良友版之全部。

二、此番印行各书，均选择《良友文学丛书》旧版作为底本，编辑内容等一律保持原貌，未予改窜删削。

三、所做校订工作，限于以下各项：

（1）将繁体字改为简体字；

（2）原作注释完全保留；

（3）尽量搜求多种印本等资料进行校勘，并对显系排印失校者在编辑中酌予订正；

（4）前后字词用法不一致处，一般不做统一纠正；

（5）给正文中提到的书籍和文章及其他作品标上书名号，原作书名写法不规范、不便添加符号者，容有空缺；

（6）书名号以外其他标点符号用法，多依从作者习惯，除个别明显排印有误者外均未予改动。

一

一九二三的春天，北京的春雪还不消融，大街小巷各处皆黑泥白雪相对照，天空中有“一块瓦”风筝飘扬，我在北京西城所住的一个公寓里，认识了一个圆脸长眉大眼睛的女孩子。当我们把话谈到各人所生长的地方时，我告给她我的家乡在凤凰县，她似乎微微惊讶了一下，她随即告给我她原籍是安福县，我也惊讶了一下。

这两处地方，相去约一千里，因过去发生过一件事情，在两人心中，把两方面的距离似乎皆缩短些了。

是这样一件可笑的事：

民三至民五这几年中，有一年中国长江中部发生了内战，湘军用“援鄂”的名义，由岳州开了若干军队过湘北省境。同时在鄂西方面，湘军与鄂军发生了接触，由于战争与换防两种原因，湘西沅水下游各处地方，便发现了些执刀使棒稀奇少见的队伍。这是些前清绿营的军勇。这绿营部队并不因辛亥革命而消灭，当时还残余六千人左右，保持在苗乡深处凤凰县别名镇筸的地方。这队伍平时有它固定的责任，从不离开原有的防地。这种军队又名为“筸军”，一个明于近三百年军事史的人，当记忆得出“筸军”这个名称，在这个名称下面还附有勇敢，直率，耐劳，守法，各种美德的记号。凡属于这个部队种种受人尊敬处，到如今尚一面保留在各人记忆中，一面也仍然为那个军队的基本道德同信仰。这军队原本近于世袭的戍卒，其中分子包括了各个省分移来的人民，京中贬谪的官吏，与俗同化的苗人。因为制止苗人的叛变，在万山重叠地方筑一坚固石头的小城，复用大石叠就数百碉堡，分布四境，这数千戍卒，便从乾隆中叶起始，一直驻扎到这个地方。它的用处只在制压苗民，它的给养除了按月由那方面派人坐了一只明油黄色大船，从辰河下驶，扬帆洞庭，直抵长沙，向省政府方面领取若干银块携回以外，就全赖当年从苗人方面所没收的土地，转租苗人，生产粮食，分配给有兵役的人家。

但筸军为世所称，却由于太平军与淮匪回匪的变乱，附曾左湘军之一翼，转战各处而得名。当年率领这一群戍卒子弟，各处作战的，为筸人田兴恕。数十年后，用湘西镇守使名义，统率这数千健儿出师援鄂的，也就是那个出身行伍为筸军获得无数光荣的田姓军人第三儿子田应诏。

关于这次援鄂的动机发动以后战事的情形，以及其后结束的原因，我那时因为年龄还小，对于这种事不很明白。但我有一个学习绘画的哥哥，他当时却在那部队中作小小军佐，跟随了一个团长，到过安福县。他在那小县城中住过一夜。他告给我随了部队开进安福县城时，就住在大户蒋姓家中，同一个戴姓参谋，睡在那人家小姐绣房里，两人躺在一铺镂花楠木大床上，在灯光下为一幅赵子昂画的白马发痴出神。两人既学过点旧画，且能鉴赏旧画，皆认为那是一个宝物，却仍然尽他静静的挂在墙壁上，仿佛不知道这画同别的画幅一样，设若卷成一轴，携带时也十分方便。第二天临开差时，那画还好好的挂在墙壁上，各人因为欢喜它，不忍就此离开，便各在那画幅角隅，题下了自己的姓名和年月。他们既已接到向前开拔的命令，当时便离开了那个地方。可是到第三天部队退回原处时，方明白先前部队一经开拔，当天就来了另外三营直属“辰沅道”的屯务军，在胡涂混乱情形中，把县城中大户完全掠光了。前面的作战去了，后面填防的反来抢掠，说来真是一件极不光荣的事情。因这不名誉的案件，虽然即刻杀了两个军官同一些胡闹的军士，但终成为“筸军”一个霉点，同筸人平时的军誉极不相称，故不久之后，那三营兵士的统率者，就被田姓军官撤了职，那三营队伍，也全部解散了。

筸军从乾隆到如今，引为羞惭的，应当是安福县那次事件。但开扩了眼目，箄军引为奇迹一现的，也应当是那次事件。我还记得十分清楚，此后有自前方回来的兵士，手中托了一个大容一升翠润明莹的绿色玉碗，从街中过身，想卖三十串钱，却找寻不出一个主顾。有人问他这碗的来历，军人既从不撒谎，就老老实实告给人，这碗如何从安福县取来的。兵士带回这碗的用意，原只是拿回家中养点金鱼，到家中听说可以卖钱，方拿出卖钱。但当时掠来合用的东西太多，这玉碗在本城并无用处，到后还只二十串钱便为一个行路人带走了。

我就因为我哥哥的故事，同自己所亲眼看到的这件事，知道了安福县。生长在安福县的，对于凤凰县人，印象中自然也仿佛很熟很熟了。

安福县多蒋家，丁玲女士便是那地方一个蒋姓人家的长女。在北京城我知道了她是安福县的人，同她说到那地方城池被我本乡队伍占领故事时，方明白那张画就是她堂伯家中的一幅宝画。那地方虽僻处一隅，我哥哥随军队到的那一次，似乎已是地方经过兵灾的第二次了。第一次当在辛亥左右，因革命各个地方的组织皆有了变动，各处皆发生了骚扰，丁玲女士便同她的母亲，一个年幼弟弟，从安福县逃到比较开通的湘西常德城。常德地方既是她母亲所生长的地方，母亲余姓在常德县又为世家华族，门第极盛，多读书人，丁玲女士的父亲既已死去，故后来事平以后，她们便不再返安福，且在常德住下，成为常德人了。

她的爸爸是个很有公子风度的人物，性格极好，洒脱大方，辛亥以前曾一度留学日本，按照当时风气，所学的自然是政府经济。回国后却似乎因为眼见到革命一来，由平民成为伟人的虽然不少，但由伟人地位而被别人把头割下的也很多很多。“世乱方亟，不如坐以待时”，这留学生因此就在安福家乡住下，并不作事。这人生平极其爱马，且欢喜健壮的骏马，但驾驭鞚纵之术并非所长，故把马买来时，就只为新来的马匹，配上精美的鞍辔，派遣一个年轻马夫，在前牵着，向城外官道上走去，自己则短装紧裹，手里拿了一条柔皮马鞭，在后边远远跟随。他的行为只在娱乐，行为中就蕴藏了可爱的天真。把马牵到城外去，见有什么陌生人对于马匹加了些称赞，他就同这个人来谈话，若这个人对于鞚纵驰逐尚有些知识，他就请人上马试试。有时谈得十分投机，且见这个人对于这匹马十分称赏，他便提议把这马贬价出让。有时那骑马人决无能力购置一匹良驹，他便强迫把自己马匹赠给这个陌生的路人。一切行为在他看来皆以为事极平常，毫不稀奇。

她的母亲当时对于丈夫的行为，当然不会同意，但夫妇之间，感情极好，却不因为这类事情，有过一次反目。某一次这个公子把马赠给路人以后，心中异常愉快，含着微笑跑回家中，在书房中卸脱马上戎装时节，作太太的一个，从下人方面把事情问得极其明白，就走过书房来，站在书房门边，含着微笑，问里边的主人：

“大少爷，你那宝马呢？”

“宝马还是宝马！”

“又生翅膀飞了！”

“……”那一方面便带了忸怩害羞的神气，只是微笑，什么话也不说。

轮到作太太的替他作答了，太太说：“宝剑赠与名士，红粉赠与佳人，千里马当然也为一个非常的人骑去了，……是不是这意思？”

“不是的。”

“那在什么地方去了呢？不是‘非常人’把马骑去，还是……”

“不是非常人，只是一个懂马性，不委屈马，不糟塌马的正派人。”

“你让这懂马性的把马骑走了，你这赠马的算是什么人？”

“我算是个很幸福的人。命运里驻定我欢喜作这种事，作过了这种慷慨事情以后，回家来又不至于使你生气。我很快乐。你不是不生我的气吗？”

“生你的气?！我不生你的气，你自己应当生气！人已经不是小孩子了，还尽作小孩子事情。也不要因为家里有几亩田，有个好太太，就尽这样慷慨下去！在世界上可做的好事很多，照你说的，去牺牲自己革命、做慈善事业、办学校、把家中这几亩田卖去也不碍事。但拦路赠马的事，可并不在某一本书上找得出这种慷慨的记载。”

沉默了一会，那公子哥儿却说：

“秦琼黄骠马是什么地方来的？我问你。”

等一等作太太的说：

“照你看起来，这世界上好人可太多了，好马却不多，怎么办？”

“我也那么想。我若在蒙古作王公，就……”

“作王公……！”

………………

这具有名公子风度的人因病死去时，丁玲女士的年龄还不上十岁。父亲留给她的印象最鲜明处，也就是牵马出城空手归家这样一件事。然而这人大方洒脱的风度，事实上却并不随了死者而消灭，十年后又依然可以从丁玲女士性格发现，成为她一生美丽特征之一点。

当她父亲死去时，家中情形虽不如其他族人那么豪华；当时似乎尚可称为小康之家。那时她还有一个弟弟，作母亲的就教育这两个孤儿，注意这两个孤儿性格与身体的发育，从不稍稍疏忽。作母亲的既出自名门旧家，礼教周至，加之年轻早寡，必须独自处置家事，教育儿女，支配一切，故性情方面，自然就显得坚毅不屈，有些男性魄力。儿女从她身上可以发现父亲的尊严，也可以发现母亲的慈爱，因此使儿女非常敬爱她。她身体既极健壮，又善谈论，思想见解也很有些超常人处，故不独能使儿女敬爱，在社会事业上，也好像是一个自然天生的领袖。但丁玲女士，则后来得于母亲方面的，仿佛不是性格，却是体魄。自小从理智方面看来，虽有些近于母亲，感情方面极偏于父亲。直到十余年后，她的同伴··············，[1] 孤单一人住在上海打发每一个日子，支配她生活上各种行动的，据我看来还依然因为那个父亲洒脱性格的血液，在这个人身体中流动，一切出于感情推动者多，出于理智选择者少。

作母亲的把丈夫死去，带了儿女到常德地方寄居以后，日子过得自然寂寞了些。虽外家亲戚极多，或由于一种骄气，或由于别的原因，似乎并不对于外家有何依靠。在寂寞俭省情形中打发了一大堆日子，似乎记起了某一时节同那个欢喜马匹的好人所谈的话："为国家找

---

① 凡······处为 1934 年上海良友图书印刷公司在出版此书时，由于当时的审查制度，对本书内容进行的删减。编者注。

寻一条出路，有钱的出钱，有力的出力，来办教育，真可谓最好的事业。”自己如今既然寡居，儿女又慢慢的长大了，一面想把自己儿女好好教育出来，一面又还有些亲戚儿女也需要一个较好学校，故在城里办了一个女子小学，城外办了一个男子小学，学校聘请了些由当地师范学校毕业的年青女子，在半尽义务情形下分担各种课程，自己却不辞劳役，总持其事。经济方面虽非完全出自私囊，但多数经费，却必得将这近中年的太太，向各处熟人各处商家奔走募集。丁玲女士所受的教育，就是在她母亲所办的学校起始的。

过不久这一家却发生了一件大大不幸事情，就是那个弟弟在热病中的夭殇。这是一个非常的打击，作母亲的所承受的悲哀分量自然十分沉重，假若身体弱些的妇人，决定是无可救药，随同儿子和丈夫，离开了这个人间。那小孩子的得病似乎就从丁玲传染而起，小孩死去时丁玲也尚未离开险境。当时作母亲的一面料理亡者一面却尽力把病倒的一个治好，等到病倒的一个痊愈时，作母亲的头发白了好些了。

丁玲女士到可以入中学时，便过离常德地方九十里的桃源县省立第二女子师范肄业。在那女子师范时，学校对于她，同对于任何一个女生那么同样情形，完全寻不出什么益处。学校习气太旧，教员太旧，一切情形皆使人难于同意。她当时在那学校，成绩也并不怎样出众惊人。但在性情上，则在那里将近两年的学生生活中，对于她有了极大的影响。影响她的不是学校教师或书籍，却由于一些日夕相处的同学。那学校设立在湘西，学生大部分多自湘西边境辰河上游各县而来，同时鄂西，川东，黔北，接壤湘境者，由于方便来学的也不少。边地如邻接湖北的龙山，界连四川的永绥，靠近贵州的麻阳，凤凰，乾城，以及其余各县，由于地方锢塞，苗族杂处，虽各地相去不逾八百里，人民言语习惯，已多歧异不同。女子虽多来自小地主及小绅士同小有产商人家庭中，也莫不个性鲜明，风度卓超。各种不同个性中，又有一极其相同处，就是莫不勇敢结实，伉爽单纯。女子既感情热烈，平时的笑与眼泪，分量也仿佛较之下江女子特多。丁玲女士在学校方面虽然并不学到些什么有用东西，却因为跟这些具有原人朴野豪纵精神的集群过了些日子，不知不觉也变成个极其类似的人了。

这种性情当“五四运动”影响到长沙时，余波所及扩大到了桃源，就使几十个年约十五六岁的女孩子发了疯狂。“自觉”与“自决”的名词，“独立互助”的名词，“自由平等”的名词，以及其他若干新鲜名词，在若干崭新的刊物上，皆用一种催眠术的魔力，摇动了所有各地方年青孩子的感情。桃源学校方面，也人人皆感到十分兴奋，皆感到需要在毫无拘束的生活中，去自由不羁勇敢劳作好好的生活。一闻长沙有男子中学招收女生的消息，当时便有若干人请求转入长沙男子中学，其中一个二年级生名蒋祎的，便是丁玲女士。学校方面对于这件事，自然并不给过什么鼓励，事实上却特别加以裁制与留难。家庭则对于这种办法自然觉得太新了一点，于是一些女孩子，便不问家庭意见如何，不问学校意见如何，跑到长沙读书去了。

她们第一次离开桃源向长沙跑去的同学，似乎一共是四个人，除丁玲女士外，有川东酉阳的王女士，湖南芷江的李女士与杨女士。但到了长沙不久，上海所流行的“工读自给”新空气，在一种极其动人的宣传中，又影响到了几个女孩子。同时长沙方面或者也有了些青年男女不可免避的麻烦，在学生与教员之间发生。几个女孩子平时既抱负极高，因此一来，不独厌烦了长沙，也厌烦了那地方的人。故虽毫无把握，各人便带了几部书，以及一笔为数不多的款项，在内河轮与长江轮三等舱中占据了一个角隅，有一天便居然冒险到了上海地方了。

几个人过上海的目的，似乎是入上海大学，那时节的上海大学，有几个教授当时极受青年人尊敬目前还为世人所熟习的名字：瞿秋白，邵力子，陈独秀，李达，陈望道，沈雁冰，施存统，……她们一到了上海，自然在极短时间中就同他们认识了。若果不是年龄太小程度不及，便是还有别的问题，她们当时却只入了平民学校。她们一面读书一面还得各处募捐。为时不久，她们住处似乎就同那些名教授在一个地方了。至少瞿秋白兄弟同施存统三人，是同她们住过一阵的。到后来李姓女子得热病死了，杨姓女子回了湖南，四川酉阳王姓女子，同她便过南京去玩了一阵。当时两个人过南京去住，也许只是玩玩，也许想去做工，也许还有其他原因，但照后来情形看去，则两人是极其失望重回上海的。在南京时两人所住的地方，在成贤街附近一个类乎公寓的住处，去南京高师不远，住处必尚有些其他湘籍川籍学生。两人初到南京时，身边还有些钱，故各处皆去玩了一个痛快，但钱一花尽，到后来就只好成天过北极阁晒太阳，上台城看落日去了。两人既同些名人来往，照流行解放女子的习气，则是头发剪得极短，衣服穿得十分简便，行动又洒脱不过，（出门不穿裙子的时节次数一定也很不少，）在住处则一遇哀乐难于制驭时，一定也同男子一般大声的唱且大声的笑。两人既不像什么学生，又不像某一种女人，故住下不久，有一天就得到个署名“同乡一分子”的劝告信，请她们“顾全点面子，不要留到这个地方”。这误会虽由于两人行动洒脱而来，当时两人却十分不平，把住处几个高师学生每人痛骂一顿。那信上的措词大约比我所说还温和一些，她们的责备则又似乎比我所写出的还厉害些。那个写信的人虽近于好事，却并非出自恶意，一骂自然不敢出头了，至于其余那些大学生被骂时，初初还不明白这是什么事情，到后弄明白了，又不知究竟谁写这个信，自然也就算完事了。

但两人当时情形或者也正极窘，想离开南京便无法离开。那王女士本是酉阳地方一个富足油商人家的女儿，父亲那时且为众议院的议员，并不至于使一个二十岁的女孩子在外流落，丁玲女士经济情形也不很坏，故两人当时受窘，同“解放”大约多少有些关系。“解放”同“争斗”有不可分离的情形，那时节女孩子既要解放，家中方面虽不能加以拘束，也还能消极否认。否认方法自然便以为暂且停止经济接济，看看结果谁的意见适于生存。两人把手中所有一点点钱用罄后，各处学校去找寻小学教员，却不能得到这种位置。其他粗重工作有些地方虽需要人，但人家一看到她们，即或正需要一个娘姨，也不敢借重这位娘姨了。她们听说有人要绣花工人，赶忙跑去接洽，那主人望望两人的神气，也不敢领教，只好用别的方法说明所雇人业已找到把两人打发走了。既不能好好的读书，又无从得到一个职业，又无其他方面接济，自然就成为流浪人了。

她们又正似乎因为极力拒绝家庭的帮助，故跑到南京做工的。到南京两人所得的经验，在丁玲女士说来，则以为极有趣味。那时节女人若在装扮上极力模仿妓女，家中即不奖励，社会却很同意。但若果行为洒脱一点，来模仿一下男子，这女人便在家中社会皆将为人用希奇眼光来估计了。两人因为这分经验，增加了对于社会一般见解的轻视，且增加了自己洒脱行为的愉快。

当丁玲女士已经作了海军学生的新妇，在北京西山住下，告给我那点经验时，她翻出了一些相片，其中有一个王女士编织绒线的照相，她说那就是初到南京照的。到了那里把钱用尽后，天又落雨极冷，无法出门时，就坐在床上，把一条业已织就多日的绒绳披肩，撤卸下来，挽成一团一团的绒球，两人一面在床上说些将来的梦话，一面用竹针重新来编结一只手套或一条披肩。工作完成以后，便再把它撤散，又把那点毛绳作一件其他东西。当时房东还不很明白这种情形，常用猜询的眼光，注意两个女孩子的工作，有一天，且居然问“为甚么你们要那么多毛绳物事?”两人自然并不告给房东那是反复作着玩玩的行为。房东的神气，以及两人自己的神气，却很温暖的保留在各人印象里。

两人对于贫穷毫不在乎，一则由于年青，气壮神旺，一则由于互相爱好，友谊极佳。但另外必仍然由于读了一些新书的原因，以为年青女子受男子爱重虽非耻辱，不能独立生存则十分可羞，故两人跑来南京，一面是找寻独立生活的意义，一面也可说是逃避上海的男子。当时丁玲女士年龄还不过十七岁，天真烂漫，处处同一个男孩子相近，那王女士却是有肺病型神经质的女子，素以美丽著名，两人之间从某种相反特点上，因之发生特殊的友谊，一直到那王女士死去十年后，丁玲女士对于这友谊尚极其珍视。在她作品中，常描写到一个肺病型身体孱弱性格极强的女子，便是她那个朋友的剪影。

二

两人回到上海后，大约还是由于上帝的意思，使她们在一些男子的殷勤待遇中，性情也柔和了一些，原有观念也变更了些，王女士与瞿··同居后；丁玲女士似乎也与瞿··的一个兄弟，有过一度较亲切的友谊。几人在这种生活中，得到了些什么意义，别人却不很清楚。在这一点生活上，对于她好像并无多大兴味。她似乎想忘掉一些不必记忆的印象，故谈及时常常中途而止。回上海一年左右，那身材美丽个性特强的王女士，在肺病中死去了，丁玲女士当时大致也同家中讲了和，愿意接受家中的帮助，得到了家中办小学教育的母亲一点接济，有了钱觉得要念书，上海不是念书的地方，想过北京看看，故为时不久，就到北京住下了。

那时她年龄当在十八岁左右。到北京后她住在西城辟才胡同一个补习学校的宿舍里，同住的有一个很美丽的曹女士，一个很朴素的钱女士。几人一面在学校补读投考大学校所必需的功课，一面还到一个钱姓私人所设的图画学校练习图画。当时她对于绘画似乎比其他事业还多兴味，所作的素描构图极具巧思。我第一次同那个海军学生到她的公寓时，她的窗纸上墙壁上书本上，就无处不是用粉墨勾成所熟朋友的脸谱。我们认识她时，她已从学校搬入公寓，其所以离开学校改住公寓的原因，大约就因为准备向艺专投考。但到后在作艺术专门学校的学生以前，却作了海军学生的情人，一定不是她始料所及的！

她其所以同海军学生相熟，则由一个左姓朋友。那时节左・・还是个小孩子，与海军学生住在同一公寓里，补习学校三个女孩子却常常来看那个白脸长身的左家小孩子。三人中最美丽典雅的曹女士，正与左家小孩恋爱，大家既皆极其年青，加之湖南人的特性，就是“不知节制自己的哀乐”，几人来时会笑的自然就大声的笑，会唱的也自然大声的唱，左・・一同海军学生成为熟人后，那三个女子，当然不久也便成为海军学生的熟人了。三人中最美丽的曹女士既同左极要好，那钱女士则健壮朴素成天只希望考入师范大学，当时的机会就使海军学生对于丁玲女士特别关心一些。

大约她们认识了三天或七天，这海军学生，就把她带到我住处来看我了。我们一提到所生长地方后，就各因另外一时的特殊印象，仿佛成为熟人了。我的故乡同她所寄居的常德，相去约七百里，有一条河水连络了两地的交通。从她住处的河边，驾了小小的单桅篷船，沿江上溯就可以到我的故乡，我从那为世人所疏忽地图所遗忘的小地方出来时，也必须搭坐小货船，经由那条清澈透明的流水下驶，到了她那个县城，再换轮船浮出洞庭。我们于是谈河水，说小船，讨论那条河水一切使人发生兴味处。我们既然各读了几本书，又那么年轻，故说到某几处的滩险，船只下行，形容它的速度时，两人总皆用“抛掷”一类字样。我们提到那条河水上游某几处，深度到四丈五丈时，还可以清清楚楚的看到河底的小小白石同游鱼，又各找寻了若干譬喻，且互相皆似乎极能领会那点譬喻。实际上则两个年轻人皆因过于年轻，为同一的“怀乡病”原因，把我们友谊弄密切了。当谈话时那海军学生只坐在我房中近窗户桌边，带着稍稍显得痴呆的微笑，望到那个圆脸长眉的女孩。我们的言语他还不大能够听懂，他得在若干意义上去猜详我们所说的话语。他懂得那意思，他明白那对于他无分，还仍然随同我们笑着。因为我们把话谈得很久，故这个海军学生，到后就拿起一本都德《小物件》翻看，不再听我们的谈话了。

两人离开我的公寓时，女的告我：

“我住处出同口向西，过那木厂点点路，就看到了。什么时节高兴去玩时，就随便去玩，到那里问蒋冰之就成了。”

海军学生说：

“晚上去还是明天早上去？要去时来邀我，我带你去。”

送他们走后，望到那两个人的背影，我站在公寓门口，心里很觉得愉快。回房中时，因为去翻看那本《小物件》，便记起海军学生那分神气。海军学生隔天邀我去看她时，他那么欢喜提到这个女人，关于这女人有些使他发呆变呆的地方，一点也不能隐讳，我便在心中有个问题。我心想：

“这是不是名为恋爱？这女人会嫁这个海军学生吗？这女人完全不像书上提到的那些爱人样子，海军学生也得爱她吗？”

我那时只十九岁，由于从乡下出来，一切皆并不像城里人那么灵巧，当时还不很明白一个男的和一个女的，为什么必须住在一处过日子。以为也许那很有道理，却实在不能明白必需住在一处的道理所在。我看到一些书中提及关于男女事情，我就十分胡涂。“真有那种男子吗？什么都不顾，去为一个女子作奴当差吗”？我思索不出结论。我相信我或许也会这样子，但心目中的女人，一定同书上所提那么聪明与完美。我最理想的是女子必聪明得你说一样她知道十样，你说的她明白，不说的她也明白。她一定又美丽，又尊贵，又骄傲，才能使我发疯发痴。并且我还想想：“一个人若事业弄不好，要女人有什么用处？同一个平平常常女人住在一处，任什么事也就不用提了。”

我那时节要得只是朋友，这朋友第一件事是互相能诉说那些过去的事情，且共同来作未来的梦想。行为冒险虽受了种种限制，想像却生了翅膀可以各处飞去。我就需要明白人家正在怎么样飞，又得让人知道我预备怎么样飞。

我要有几个与我同样的贫穷，却能在贫穷中为未来生活而努力，来打发日子支持生活的年青人。我们不管所想到的世界如何离奇可笑，所打算的生活如何不切事实，但我们能那么勇气悍然的去过日子，结果是不必追问的。我那时的性情是要谈话时就一整夜的谈话，想玩时就放下一切去玩，想跑到什么地方去，不管路道远近，要去即刻跑去，听人说某种书好，无法把书买来时，就从西城跑到东城，傍着书摊，装作买书样子，同那卖书人弄熟，坐在小凳子上看那本书，把书看完时再回公寓。生活不管如何毫无希望，不管如何困难，利用了北京公寓记账的习惯方便，我们却仍然那么硬朗结实拖延下去。这种年青男子朋友我已经碰到了些，且在燕京大学方面，我还有了些生活也很艰难读书却很用功的朋友。但女朋友有什么用处？女子天生就脆弱许多，气量既窄，知识也浅，又怕累，又怕事，动不动就得哭泣，一点小小得意处便沾沾自喜。她们要男人时，只凭方便找一个男人，就从不会自己带着三分危险去挑选自己所要的男人。她们得了一件新衣料时，就去和同伴商量半天，有时还商量了一整天，看这衣料缝什么式样较好，缝好了也许还得在这东西上批评许多日子。她们做事则只选轻松的易于见好的去做。她们把一件事做错了，或头发被理发师剪得太短不合时式了，回家去就伏在枕头上痛哭。当时我对于女人就是这样一堆感想，故以为女人真不必提！我看不起女子，就因为我听人说过了很多的女子，却不曾见过多少女子。

这个圆脸长眉的女孩子，第一面给我的印象，只是使我温习了一番旧有的感想。她同我想像中的平凡女子差不了多少。她也许比别的女子不同一些，就因为她不知道如何去料理自己，即如女子所不可缺少的穿衣扑粉本行也不会，年轻女子媚人处也没有，故比起旁的女人来，似乎更不足道了。

不过第二天我被那海军学生拉到她住处时，观念改变了些。我从她那儿明白了女人也有同男子一样的人。到了她住处小房中，她便从抽屉中取出些照像册，图画本子，递给我们。从那本子上面可以看到那个爱马的公子，又可以认识办小学教育的老太太，又可以认识我所提及的其他几个人。她似乎每天皆在努力作画写大字，条桌上除了四个颜料碟以外，还有一叠红色九宫格习字用纸。她又拿出一个玉质图章，上面刻了“丁玲”两个字，问她“这是谁”？就说“我自己的，我要用这个名字，不用旧的名字了，故刻了这颗图章。”她一切做得十分洒脱，且俨然同我们业已相熟多年的样子。她处处在告给人不许客气，那意思却不是从口中说出，只在行为上与微笑上可以看出。

我觉得这倒还有意思，但我们离开她那个公寓时，她却又为了自己太爽快且疑心别人同她客气，似乎有些生气。因为那时节已到了行将午饭的时节，公寓中的大师傅，业已开始在厨房中极力拨弄得锅子碗盏发出声响，她留我们吃饭，海军学生答应了，“步兵上士”却不答应。我那时的习惯就是只欢迎来客，却从不到别人处吃饭。我决定要走，她便生了她自己的气。事实上不需生气，且无生气的理由，仍然有很久不舒服，就因为她到底还是个女子！

她离开北京城时，同那海军学生有了些什么理解，我可不大明白。我见过了丁玲女士以后，就从左××方面知道了她些另外的事情。那时节这女孩子感伤气分极重，大约因为几年来在外边飘飘荡荡，人事经验多了一些，少年锐气受了些折磨，加之较好的朋友又死掉了，生活又毫无希望可言，便想起母亲，想起死亡的弟弟，想起不可再得的朋友，一切回忆围困了她，使她性格也受了影响，并且在实际上，则另外一件事必更有关系，便是她的年岁已经需要一张男性的嘴唇同两条臂膀了。因此便不问黄昏清早，常常一人跑到最寂寞僻静地方去，或是南城外陶然亭芦苇里，或是西城外田野里，在那些地方痴坐痛哭。有时半夜里还不知道回家，有时在家饭也不吃。不过朋友们同她自己，虽明白这分感情由于生活不满而起，却不明白倘若来了那么一个男子，这生活即刻就可以使她十分快乐。

关于这一点海军学生聪明了一些，当我同他在西单散步时，他向我说：

“她有个弟弟死了，她想起她弟弟，真会发疯。”

我因为估想得出这海军学生心中的主意，我说：

“要个弟弟多容易！她弟弟死了，你现在不是就正可以作她的弟弟吗?”

海军学生脸红一下，想要分辩，又不敢分辩什么，把我肩上轻轻的打了一掌，就跑开了。

等到第二次我在北京香山见到她们，问及她些经过情形时，我方明白海军学生同我在西单散步那一天，就正是丁玲接到海军学生一点希奇礼物的一天。原来海军学生那天一早就用了个纸盒子，装好一大把黄色玫瑰，请公寓中伙计送至丁玲住处，并且在花上写著个小小字条："你一个新的弟弟所献。"把花送去以后，半天没有回信，这海军学生手足无措，心中不宁，故跑到我住处来，把我拉出去散步，想从我的谈话上得到一分支持日子的勇气。等到被我无意中说出的一句话，刺了他那么一下，就又急又羞，离开了我跑了。他一人跑到西城外田野里胡乱奔蹿，直到晚上方转回公寓！

丁玲女士第一次离开北京时当在春天，第二次再来北京为我见到时，却是那一年的秋天了。

中秋那天我在他们香山小屋里看到她时，脸上还有新妇腼腆的光辉，神气之间安静了些也温柔了些。问她还喝不喝酒？她只微笑。问她还到芦苇里去读诗没有呢？也仍然只有微笑。我心里就想说："你从前不像个女子，只是不会有个男子在你身边，有了男子到你身边，你就同平常女子一样了。"

关于她做了新妇，同这个海军学生在香山如何打发日子，我在《记胡也频》那本小册子虽说到了些，却想把对于她生活发展极有影响的，这一段日子中其他事情，再记下一些。

那时两人原是以为山上可以读书，故搬到这山上来住下的。事实上则两人读书，诚如我在另外那本书上所提到的那样，不过需要几本书，把两人生活装点得更幸福一点罢了。假若当真为得是读书，所有的书未免太少了。他们的书是一部关于曲的什么集子，一部《郑板桥集》，一部《倪云林诗》，一部《花间集》，一部《玉台新咏》，其余便是半书架翻译小说，那时两人所看的书，好像也就全是这些翻译小说。此外还有些无政府主义的书籍，以及社会革命理论书籍，则是搁下来却不很翻阅的。两人的英文程度，看点法国俄国转译成为英文的书籍，还不至于怎样费事，不过那时书架上的英文书籍，则仿佛一共只有三本，一本是小仲马的《茶花女》，一本是莫泊桑的《人心》，一本则是屠格涅夫的《父与子》。两人虽然只有这样三本书，还常常预备着手来翻译。提到要译书，作太太的一个总最先把笔拿起，但译到第一页或第五页某一行，几个陌生的字从字典上寻不著它的意义时，最先把笔摔去的也常常是她。两人间或还读些哲学经济书籍，两人之间思想比较起来，由于过去的习染不同，故她比海军学生似乎进步一些，且比较海军学生所知道的多些。海军学生办民众文艺时，他们若沿袭了那个题目作去，则革命文学的酝酿，当由北而南，不至于还等待到四年后由南而北了。海军学生自从湖南回来以后，就不大像一般小说中所谓“革命人物”，只像书中所说的“年青情人”了。由于崭新的生活使两人感情皆在眩目光景里游泳，海军学生当时只打量作英国的雪莱。写诗赞美他的同伴，似乎是他工作最重要的一部分。

两人搬到乡下来住，自然也希望让会写小说的多写些小说，想读书作画的为多得些空闲做自己所做的事。可是会画的一个，当时除了每晚在灯光下为海军学生用墨勾出侧影外，别的皆不动笔，写小说的则总是写了又扯，扯了又写，事实上却把时间完全被其他一切事情费去了。他们既自己处理伙食，则淘米煮饭买菜提水皆得自己动手。把饭吃过后，看看天气很好，两人自然就皆以为出去走走较好。不出门则或看看书，或携着手讨论一个未来的理想。各样事皆想作，一样事全弄不好，于是日子也就从从容容无声无息从两人身边溜掉了。

两人当时生活方面既大部分得湖南为寄钱来，或湖南接济耽误了时间，不能按时寄到，或者因为钱虽寄来，由于不善处置，用去太早，穷极了时从我处又想不到什么办法，总得进城去筹点小款，方能支持下去，作太太的便从床下把柳条箱拉出来，拣出些不适用的衣服，用一个花标作成的包袱包好，带着微笑交给那海军学生。两人事先便约好了，一个在家中读书，一个徒步拿东西进城从当铺换钱。有时当真那么作，有时则虽业已说好，当那海军学生挟了包袱出门时，作太太的便追出去，陪伴到街口。到了街口眼看到那海军学生好像一个下班的巡警模样，孤零零的从灰色的石子路上走下山时，作太太的大约一面为了走路的十分寂寞，自己留在家中来想像那走路的一个，什么时节到了什么地方，未免也太寂寞了，自然毫不再加思索，又赶快跑上前去。

海军学生见人追赶来了，就会问：

“怎么样，是不是一个人留在山上吓怕？”

那一个便说：

“我不怕。”

两人暂时停顿在大道边，互相望着。

“你回去，不许再送我！”

“你一个人走那么远的路，我心里很不好受。”

“走点路算什么？我正想走路，这点路并不算远！”

“真不算什么吗？”

“我全不觉得远。”

她原来就正等着那么一句话，她说：

“那么，我就同你一起进城去。”

这自然得有一会儿争持，因为照实说来这条路并不很近。若当天便得来回，则更不像是一个女孩子所能办到的。那一个还待在天气以及另外什么意义上找寻不能两人下山的理由，只须另一个把眼瞪瞪，头略偏，做出一个女人惯常用来慑服男子的动作，于是不得不变更了原来计划，只好两人一起装成散步的样子，向北京城走去了。

这自然算得是一个极长的散步，很需要一分气力同时间，下山后须绕过玉泉山长长的围墙，经过青龙桥，又沿着颐和园后面一带长长的围墙画了半个圈儿，才到挂甲屯，海甸，进西直门……不过海军学生对于这点路程似乎并不觉得难堪，有了一个同伴后，自然更从容多了。两人下山虽为得是筹措伙食，却常常走到半路忘了这件事情，因为关心泉水同天上白云，在路上一坐也就常常是三点两点。有次黄昏上山，因为眷恋天上新月的美丽，两人竟在玉泉山小河边坐到半夜。

有时海军学生实在不能进城，则丁玲女士一人用散步方法，从山上荡进北京，到城中时找寻朋友，时间晚了一点，就住在曹女士的住处。借得了钱，因为舍不得坐车，则仍然徒行回山。回到住处，在山上的那一个自然是睡的不很安神的，从城中上山的一个则为三十里一段路途也折磨坏了，可是一见面，一切疲劳同牵挂皆去掉了。在城中的便听在山上的那个诉说一晚所领略的境界，在城中的一个又告给在山上的一切城中事情。什么刊物登了什么人的诗，什么杂志见到什么人的小说，市场小书摊上出了几本新书，书叫什么名字，印什么封面，有谁作序，皆尽所知到的说去。或者同时还带了几封从城中友人住处转来的信件，或者还带回了一些新出书报，两人一面着忙撕去那书卷的封皮，一面便微笑大笑。有时坐车回来，则一定还买一口袋白米，一点荤菜，一点海军学生所欢喜的甜点心，一把花。海军学生一面提水烧煤，准备晚饭，一面听城中路上一切新闻，事作得正好，忽然一晃不见了，各处找寻皆不见了，过一回，才知道原来他为了去买点点酸醋，已从碧云寺街口跑回来了。

两人绝了粮，又恰恰不便进城，就过我住处，同我吃慈幼院大厨房的粗馒头，次数似乎也很多很多。

丁玲在燕子矶

二十年七月曹小姐摄于南京

作者与丁玲

十五年摄于北京中央公园

时正创作莎菲日记

三

照情形说来，两人虽然在山上，除了间或有什么朋友上山来看他们，住一晚两晚，其余就并无多少应酬，故虽自己每日得提水烧饭，日子积累下来，两人空闲光阴可仍然太多了。那时节，除了玩以外，自然就只有把几本小说反反覆覆的看一个办法消磨时间了。长时间的闲暇与反覆阅看几本有用的书，皆非常影响于丁玲女士此后的写作。闲暇孕育了她创作的种子，所看的书又影响了她文字的风格。她似乎明白她自己将来的责任，现在应当怎么办，就更相宜一些，她便选定这分生活，把每个日子十分从容的过下去。她年龄并不很大，到下年方满二十岁，身体与心灵皆在成长，她的生活恰恰给了这两方面的机会，小家庭虽常常那么穷，却是这个女作家最好的温室。

海军学生上半年的《民众文艺》既停刊了，我们所写的小说虽各处还不至于完全碰壁，但所得的报酬太少，所呕的气却又太多了。我们怎么办？我们并不需要出名，也并不希望发财，我们意思只是能有机会让我们把日子过得下去，把竭尽自己能力写成的作品，编辑看来以为用得著的，把它登载出来就得了。我们只盼望公平一些。我们的盼望那么简单，当时却寻不出那么一个公平的编辑。由于成见同其他原因，我们写成的小说，自然总得经过若干波折方有结果的。总得找出一个办法，方有希望不至于为一时不良风气习惯所糟塌。因此怎样来办一个刊物，是我们常常皆打算到的事情。我们做梦也只想有那么一个刊物，由自己编排，自己校对，且自己发行，寄到中国内地各处地方各个读者手中去。我们只希望各人自己拿出一部分钱来，做这费力而不讨好的事情。但一个刊物最需要的就是金钱，我们当时最缺少的也正是金钱。我们的刊物于是便在幻想中产生，又复在幻想中夭折了。

当我同那海军学生在桌旁计算用费草拟出版计划时，我们照例总以为这刊物得三人才能办得下去。把她算成一个角色，且必需三人才有趣味。她见我们提到她所负的责任时，必说：

“先生们，别把我拉进去，我不作文章。你们要我来，我就当校对，因为可以占先看你们写出的文章。”

“没有你我们办不下去！”

“有了我就办得下去吗？我又不会写什么，派我充一角色有什么用处?”

“把你写情书的那枝笔来写……”海军学生说时笑嘻嘻的,说过后便望我做鬼脸。

“得了得了,频,你为什么造谣言?我跟你写过情书吗?不能胡说八道,这一行你们男人才是高手!”

那海军学生说:“你并不写给我什么信,但我看你那样子,是个会写情书的人,不相信只要我们一离开就可明白了。”

“你自己不害羞,我为你害羞,你们刊物我不管!”

说是那么说,但另一时眼看到海军学生有文章被别处退回时,她会不让一人知道悄悄的重新来草拟出个刊物的计画,事先并海军学生也不知道,俟我到他们住处时,就交给我看,且笑着低声问我们,是不是可以从此着手。到那时节她的口气也改变了些,她会说“文章我不会作,作了你们能高兴改改,那我就一定作。”在那计画上她必定还写上担任校对,担任发行,出版所需一切费用,则担任写信回湖南去请那小学校长筹措。

但自办刊物的用意,在我们只是想把写成的文章直接交给读者,至于她,却不过因为见到我们所受的苛刻与冷淡,有所不平方来筹划这件事情。这种计画通过后,家中一方面似乎也很汇了几次特别款项来,款寄到时或者正是需要钱的时节,或又发生了别的事情,对于刊物不能即刻著手，这些钱自然也就被一对青年夫妇花到其他方面去了。

当她说把文章写成请求修改时，海军学生毫不推辞也毫不谦逊，以为“当然得改”。可是，到后来两人皆在上海靠写作为生时，我所知道的，则是那海军学生的小说，在发表以前，常常需那个女作家修正。在文字方面还并没有显出这个作家的天才时，在批判上却先证明了她某种惊人的长处，业已超过了男子。什么作品很好，好处在某一点上，好中小小疏忽处又在某章某段，由她口中说出皆似乎比我们说的中肯。我们既然正在写作，对于一切作品皆极容易堕入偏见里去，对于本国的作品，容易从人的生熟爱憎上决定好恶，对于国外作品的标准，也容易以作风与译者的爱憎决定好恶。故难得其平，也实为事所当然。丁玲女士则因为同人相熟较少，自己又不写作，并且女人通性每一篇文章总那么细心的看了又看，所看的书又那么纯，因此对于好坏批评，比起两个男子来实在公正一些。不拘什么成篇成本的小说，给她看过以后，请她说出点意见时，这意见必非常正确，决不含糊。这也就正是一个作家当他执笔以前所必需的一分长处，需要这分长处，能明白一个作品成立的原因，能明白文字的轻重，且能明白其他事情，就为了从别人作品方面知识的宽博，等到自己下笔时也稳重多了。

她一面因为身体与性格，皆宜于静，而情感则如火如荼，无可制止，混合两面的矛盾，表现于文字时，就常常见得亲切而温柔。她还不著手写她的《在黑暗中》时，的的确确就以长于写信著闻友朋间。她善写平常问讯起居报告琐事的信，同样一句话，别人写来平平常常，由她写来似乎就动人些，得体些。同样一件事，一个意见，别人写来也许极其费事，极易含混，她可有本事把那事情意见弄得十分明白，十分亲切。

她并没有某种女子长于应酬的天才，可说不善交际。她不会同生人谈话，在熟人面前无所拘束时，则谈锋十分朗畅。她的谈话同写信一样，要说什么话时，就说出来，所说的多些时，不使人觉得烦琐，所说的极少时，也使人领会得出那个意思。

在做人方面，她却不大像个女人，没有年青女人的做作，也缺少年青女人的风情。她同人熟时，常常会使那相熟的人忘了她是一个女子，她自己仿佛也就愿意这样。她需要人家待她如待一个男子，她明白两个男子相处的种种方便处，故她希望在朋友方面，全把她自己女性气分收拾起来。

在香山那一阵，两个年轻伴侣的生活，有些方面恰比《儒林外史》上的杜家夫妇还潇洒些。天落过了雨，想起卧佛寺后面泉水那时节一定很好，就饭也不吃跑去看一会子泉水。听我说看晚霞应到小团城较好，于是一吃过饭，天空中有霞时，就来回走四里路看晚霞。大家谈到天快亮时流星特别可观，两人也常常半夜里爬起，各披了衣走到院中枣树下去看流星。

还有一次两人上城去借钱，得钱时将近黄昏方能出城，因为月色很好，便沿了西郊大道走去。过了青龙桥后，其中一个忽然想起圆明园的残废宫殿，这时节一定非常可观，一个人说及时，另一个就提议返回去看看。两人到后当真便走到圆明园废基里，各处乱跑，也不管蛇蝎狐鬼，也不问时间早迟，一直走到园中西洋楼颓墙乱瓦间，坐了约莫半个更次，方选路回山。

又另外有一次这两个年轻人因在玉泉背后玩，傍晚时，想从小路回山，不知如何两人皆走到软泥田里去了，转动之间只觉得脚往下陷，一时不能脱离，两人便站在那泥田中看了两点多钟蓝空里的星子，幸亏后来有个赶驴的人过身，方把他们援引出险。虽那么吃了大亏，第二天两人却说当时露重薄寒，在泥田中星光下听远处狗声，情境极美，且以为平生所看到的好星月，只有这晚上那么一次。

总之他们把生活看得比世人似乎不同些，贫穷并不妨碍到他们的生活。他们从不辜负他们的兴味与愿望。他们认为兴之所至，皆值得一作。他们一切皆得“尽兴”。这种性情对于两个年青人有了很多好处，养成此后各处旅行的习惯。身体旅行到过许多新鲜地方，感情也仿佛旅行似的到过许多新鲜地方。但在当时则见得有了一点坏处，就是几个熟人，各在俗累世故中过日子惯了的熟人，对于他们的性情散漫不检处无法理解，对于他们的性格美丽放光处无法认识，慢慢的皆疏远了。这种疏远影响于海军学生方面较多，虽正仿佛由于自愿疏远，但海军学生则仍然有些寂寞。

海军学生得到一个女人，却失去一群朋友。到后来，所有新熟的朋友皆因丁玲而较亲密，海军学生的老友，则来往皆完全断绝了。

丁玲女士也明白这件事，觉得有些难受处。这不止是那时几个人的友谊如此，便是此后两人皆在上海同堂房子小亭子间住下，写小说过日子时，还依然有这些不舒服感觉，发生于作品取舍间。熟人皆感觉到丁玲可爱，却不很对海军学生发生兴味。杂志上要文章时，常有人问丁玲要，却不向海军学生要。两人共同把文章寄到某处时，有时海军学生的便被单独退还。两人共同把文稿板权售给某书店时，署海军学生的名不成，署丁玲的名却又毫无困难的出版了。这类不愉快的事情，与其谓为发生于编辑者感情间，勿宁谓为发生于商人利益间。她明白这件事，她一提到时就十分生气。这些编辑其所以如此，就只为得她是个女人！就为了这些原因，这个人把许多本来可以写成的故事，半途中皆搁笔不再写下去了。若果没有这些原因，在一九二七到一九三零之间，她的作品在数量方面，应当超过目前所有作品一倍。

为时较后社会对于海军学生的冷淡，也许因为作品文字方面海军学生实在有些不如丁玲女士处。至于当两人住西山时，朋友对于两人的爱憎，则似乎有些不可解处。据我看来也以为海军学生的热情，虽培养了她的创作的种子，海军学生的生活，又给了她后来创作的方便，但假若这女孩子若不是同海军学生共同生活，也许她的成就还会更伟大一些！由于海军学生褊持的热情，拘束了她向这个世界作更宽广的认识，由于海军学生所读的书籍以及那分生活观念，皆限制了她对于学问方面的博涉深入，由于海军学生没有多少朋友，把她在朋友过从方面所能得到的种种益处也牺牲了。这一面成就了她的长处，也同时成就了她的弱点。当她习惯于海军学生的爱情时，她就已经成为一个不能习惯旁的有益于彼的生活，故海军学生此后的死去，由我看来，她的悲剧不是同伴的死亡的悲惨，却实在是这个同伴死亡后，不知她如何去独立生活。这是一个已习惯于这种男性褊持专制热情的女子，一切兴味与观念皆被那男子在一份长长的共同生活岁月里所征服了，此后谁去那么哄她，侍候她，或生了点小气的时节又去打她？她需要这些，一件皆不能缺少，但她还可以向什么地方去找寻这些？她固然可以去革命，去到另一份更伟大些的生活里找寻生活，但一个革命人物，就能够不需要感情所习惯的环境吗？别人如何我不清楚，就丁玲看来，她的感情生活是需要在熟习环境中休息，方能把生命发展得完美无疵的。海军学生一死，她便不能再过一天稍好的日子了。

两人在香山住下时，虽说那么同在贫穷里支持，有时也正同别的年青伴侣一样，互相爱悦之际，由于爱情，间或得成为冤家对头，有口的不知结吻，却来发誓赌咒，有眼睛的则只知流泪的。设或两人为了一点小事争吵了几句，其中一个负气跑到我住处来了，或进了城，另一个又跑到我住处来告我时，我总就觉得从生理方面的特长，她征服了海军学生，从另一方面弱点，则海军学生处处正在征服这个女子。

她虽常在爱情中目眩神迷，却仍然缺少了些东西。她感情中要一个同伴，来与她享受目前，计划未来，温习过去。海军学生则似乎特别开心目前，对于未来不能有所打算，对于过去毫无兴味可言。因为在那时节，她虽然同这个海军学生住在一处，海军学生能供给她的只是一个年青人的身体，却不能在此外还给她什么好处。为了发散这两方面的感情，她对于一个能够同她温习过去商量未来的朋友，自然似乎就觉得待遇应当温柔些，亲切些。

这仿佛极不利于海军学生，有些时节因这些事情刺激了海军学生，海军学生绉了眉毛装作生病的事也一定有过。但过不久这孩子却聪明了一些。他看清楚了那圆脸女孩子，在另一方面，永远皆不能够引起像他那种烦乱的感情，同时且明白她需要朋友处只是谈谈闲话，朋友则简直常常忘了她是一个女子，海军学生就放心多了，同时几个人友谊也显得更好些了。

四

当时几个人准备出版的小刊物，既常在各种想像方便中产生，自然也就得常在各样想像困难问题上夭折。某一时节对于这个刊物十分热心的丁玲女士，刊物引起她的倾心处，与其说是这个人为了身为作家的快乐，却不如说只是这个人对于未来生活的憧憬。一个人决不能永远凭目前一切打发日子下去，目前即是很完美的，总不能不在“未来”与“过去”两种世界里，检选出一些东西，方不至于被当前的习惯所疲倦。且为了点缀当前的生活，也就正需要一点未来过去的理想与同忆！两个人那点过去生活，由于生活距离太远，既不能使两人共同徘徊得到快乐，故两人得常把感情散步到“未来”世界里去。为了方便，未来的生活，两人想得同许多传记上的文人生活一样，那是毫不为奇的。

同时是目前两人生活虽混合了热情与潇洒意味，但两人的年龄，已并不完全是小孩子了。虽狂热中对一切问题皆不大措意，比较冷静时，慢慢的也会感到了爱情不尽是两人亲切无忤的在一块吃喝接吻与拥抱，把生命消磨下去，还应当互相商量互相帮助一同来作点有意思有价值的事情，方不辜负这一个接连一个而来的日子，简单说来，则此后两人生活问题，也需要考虑一下了。

两人已感到要在社会里做点事业，不管所做的是什么事，总得有件事可以去做方好。两人皆有了“职务”与“责任”的欲望，不管推动这欲望的是物质还是虚荣，欲望却已生根长成了的。创作小说近于两人可以携手同时走去的一条大路，故两人便常常凝眸于托尔斯泰，哥德……以及文学史上一切眩目巨人所达的高峰，且作成种种向那高峰努力的姿式与设计。

但当时正是“文学研究会”的庄严人生文学，被“创造社”的浪漫颓废作品所压倒，北京一隅的空气，已开始被悠闲小绅士们所提倡的幽默趣味文学支配，南方革命尚局于广东，上海地方还无征兆可言，一般现象皆转入消沉时节。两人既住在山中，早晚所见到的，不过是雨水，露珠，白白的日头，闪烁的星子，以及沿了西山山脚绵延展开了无数灌木林，傍了灌木林一列一列小石屋里皆住得是没落穷困的旗人。所听得的不过是虫声，鸟声，骆驼铃铎声，驴鸣声，母鸡产卵声。（两人生活中虽常常绝粮，绝粮时便得两人中之一个，用散步方法走进城去押当或告贷，然从这方面所受的刺激，在爱情上已得到了抵销的机会，绝不能改易其人生观。）事实上便是：两人同真实普遍的人生，还依然隔得那么疏远。故两人所打算所准备的将来生活，莫不以个人感情为出发点，而缺少社会普遍出路的意识。要写作，这写作中心，是不能把它从本身爱憎哀乐拉开，移植到广大群众方面去的。

简单说来，就是两人那时节还只明白自己应当如何，方能把自己弄好，并不明白社会应当如何，方能把社会弄好。两人只希望自己将来成就些什么事业，并不希望将来能够替社会做些什么事业。两人这种感情，不独存在于一九二四左右，即到一九二七，从两人生活嗜好上看看，也依然有种种痕迹可寻。两人这种感情不独影响及于当时的生活，还大影响于此后丁玲女士的写作。看看《在黑暗中》书内各个不同篇章中，一贯表现的人物意志与兴味，就可明白这个女作家哀乐所出以及爱憎所止的幅度。按一般经验而言，当时展开在两人面前的世界，并不过于狭窄，为了爱，却把两人感情观念，皆弄得稍窄了。

至于这种感情观念的形成，受新婚爱情拘束以外，似乎就应当是两人书架上那几本书了。在较前一节里，说及这两个人所有书籍时，我曾说过那里有三本特殊的书，一本为《茶花女》，一本为《人心》，一本为《父与子》。我忘了提及一本某一时节为丁玲女士所最称道的书了。这是福禄培尔的《马丹波娃利》，分量沉沉的一本书。她欢喜那个女人。她欢喜那个号称出自最细心谨慎于文体组织与故事结构的法国作家笔下写出的女人，那女人面影与灵魂，她仿佛皆十分熟习。她至少看过这本书十遍。不管本人由于异国知识的缺乏，对于本书有若干语句上的误解，与若干描写上无法理解，她却仍然从这本书中，以及莫泊桑一本《人心》书中，学了许多。她跟那些书上的女人学会了自己分析自己的方法，也跟那些作书男人学会了描写女人的方法。在她初期写作成绩上，加以检察，如《在黑暗中》各篇章，文体的致密，与每个篇章中人物的多情善怀处，任性处，忧郁苦闷处，以及一个男子傍近身边时节，如何应付那些男子处，若不能明白作者每个作品的背景，若不指出她与上述几本书的关系，批评者惟用着冒险粗卤的手段，从本书所表现的去胡乱推论她的为人，可以说是毫无结果的努力。批评过她的作品，且俨然怀了好意去批评她作品的，如钱杏村诸人，就莫不陷入那个错误中，既不明白那些作品中人物型范所自来，又不理解作者在何种时代何种环境里产生她的作品，所知道的实际只那么少，所说的却又必然的那么多，这种印象地得出若干论点，机械地说出若干意见，批评的意义，除了在那里侮辱作者以外，可以说毫无是处。关于她的任何批评，登在什么刊物上，为她所见到时，总常常皱了双眉轻轻地说：

“活在中国许多事情皆算犯罪，但从无人以为关于这种胡说八道的批评文章是罪过。故第一个作了，还有第二个照抄来重作。没有可作了，还在小报上去造谣言增加材料。中国人好讲道德，一个女人不穿袜子在街上走走，就有人在旁批评：‘真不要脸’！为什么有些人把别人文章读过一篇，就乱来猜一阵作者为人如何，对于社会革命如何，对于妇女职业观如何，胡扯那么一大套，自己既不害羞，旁人也不批评一句‘真不要脸’？”

这个人在各方面皆见得十分厚道，对于文学批评者却一提及时总得皱眉。那原因不是批评者对于她作品的指摘，却常在批评者对于她作品荒谬的解释。一切溢美之辞皆不脱俗气的瞎凑，带着从事商业竞卖广告意义的宣传，她明白这点，加上她还留下了某一次被商人利用而增高其地位的不快印象，故在写作上她日益出名，也日益感到寂寞。一九三零年左右，她有一次被一群青年大学生请去某大学演讲时，到了那里第一句话就说：

“各位欢喜读我的文章，找我来谈谈，可不要因为我怎么样出名，因为我文章得到如何好评而起。请莫相信那些曲解作品侮辱作者的批评文章。我的文章只是为宽泛的人类而写的，并不为寄食于小资本家的刻薄商人方面的什么批评家写的。……”

一九三一年的夏天，她拟编《北斗》，写信告我一切计划，要我为她向北方熟人找寻稿件时，信中还说：

“我们的批评，只能求诸广大的群众，不在乎一二批评家。”

她欢喜出自各个观点来自各方的批评，却对于所谓批评家的无识与愚笨极其厌恶。这是不是由于每个集子的售出，商人方面莫不给她留下一个不愉快的印象，以及一般编者对于海军学生的作品淡漠，而影响到她的感情？在这一点上，我已难于寻究较正确的解答了。

关于这个人的创作种子，虽全得海军学生的热情，同着生活的闲暇培养到，稍过数年，终于发生长成，作品印成后，显然获得了惊人的成就，使她在胜利中，不能不微笑向老朋友说：“这全是频的成就，没有海军学生也就没有这本书。”然她那创作的勇气，当初数年是常常得在那个海军学生的遭遇中馁去的。海军学生虽勤于写作，对于作品又认真不苟，所有作品在编辑与读者间，似乎就永远不曾得到过所应得的注意。海军学生作品的遭遇，虽曾激动过丁玲女士，使她觉得非努力写作不可，但那种原稿璧还的经验，实在使她有更多机会，把一枝骨杆笔远远摔去，废然而止。说到这件事情时，似乎还应当把日子移后五年或六年，因为这种情形不仅是一九二四，两人在西山小小石屋里住下，那个女作家还被我描写着“每日早晚皆得蹲在廊下用鬼头刀劈柴，又用双手抓煤球放入炉子”时节如此，直至一九二九，那海军学生，尚依然得受书店编辑的刻薄。譬如两人的书想卖去时，必署丁玲的名，方能卖去，两人把文章送去同一地方发表时，海军学生的则常常被退还。因此情形，丁玲女士却有若干业已行将完成的篇章，便在气愤中撕去，行将写出的，也不再能动手写出，这些作品便永远不能与读者见面了。

海军学生从书店编辑方面所得的寂寞，是那么多，但同时对于他也并不是没有益处。那分不公平的待遇，形成海军学生另一时节对于社会已成习气各方面，十分痛恨，且磨砺到这个褊持而又热情的年青人，孕育了他反抗现状的意志和勇气。但对于丁玲女士，则除了使这个女作家不敢动笔以外，另外还得了些希奇经验。海军学生写作的失败，较后一时使丁玲女士常常失去写作的兴味，毁去行将完成的作品，较先一时，则尚影响到她整个生活的目的。

因为海军学生作品无出路，碰壁的经验馁尽了这女作家试作的勇气，丁玲女士一再在“家庭教师”与“私人书记”名分上，找寻过她的职业。两人还在西山时，某一天，丁玲女士看完《茶花女》后，就似真非真向海军学生说出个古怪意见。

“频，你文章写不成功了，我想独自过上海演电影去。等到你写成一本书，且有书店愿意替你付印这本书时，我一定已经成明星了。”

海军学生自然以为这是一个笑话。丁玲女士想把这个意见弄得严重一点，却无其他办法，使海军学生认为问题值得讨论，故到后便小孩子似的，自言自语的说：

“你不相信吗？我要你看将来的事实。”

海军学生这时可说话了。

“你去呀！不碍事，有勇气就去呀！”

但说过这些话后，海军学生却很快乐的笑了。

这个问题并不完全结束在笑话里。当时在西山，在东城公寓，两个人虽常常把这类事情当成笑话说着，这女作家的意思，则似乎当真还以为她成一个明星比成一个作家较有把握。《人心》，《茶花女》，《马丹波娃利》三本书中三个女性，正各自用一种动人的风韵，占据到这个未来女作家感情全部。波娃利夫人对于生活的幻想，充满了这个女作家的头脑，幻想所止，就是那个茶花女玛格俚脱的任性生活，爱情场面，以及特为少女所动心的悲剧结局。再者，假若她自信并不如波娃利夫人那么笨，《人心》一书中某夫人的机智却还可以学习，那么，她是不是还值得去那个广大宽泛人海里，找一份混杂了眼泪与笑乐的崭新生活，冒险证明一下自己的命运？不管海军学生如何永远用幽默的微笑，否认到这种尝试，总而言之，到了第二年，不必那海军学生的鼓励，也不需要其他方面“保可成功”的预期，这三本书中的三个人，帮助她写作以前，却鼓励她跑过上海，试在那新的企图上作失败的试验去了。

关于这次的经验，她虽在一个作品中略略提到，却很少同旁的朋友提到。

六年后，“··作家联盟”某次集会里，加入了上海戏剧电影导演者··，这导演因久闻丁玲女士的大名，还不曾作第一次的晤面，在会场的一角，经人介绍后，那导演不由得不带一点儿惊讶的神气，轻轻的说：

“我好像见过你，在什么地方？在……”

她明白他那句话的意思，便坦白的笑着：

“·先生，我们见过，一定的。也许是两个人，一个是预备作演员前来就教的···，一个便是现在的我！”

那导演本来疑心当真在什么地方见到过她，因此一来反而迷惑了。便把圆圆的头昂起，搓着两只大手，不知道怎么样猜这个谜。其实则这谜并不难猜，相信那过去的晤面，且相信她说的那也许是两个人，原来不过是一个女孩子，就好了。

丁玲及其旧友曹小姐

二十年摄于南京玄武湖

丁玲在上海

二十二年春同居冯君所摄

时正创作长篇母亲

五

因为成明星的幻想，占据了这个未来女作家的头脑全部分，故当她到上海时，不止拜访过导演··，还用同一热忱，找寻过另一编剧家与导演家··。这个浪漫跳脱的艺术家，很有礼貌的引导她到各处参观了一次，且用乡亲口吻，为她恳切说明“一个明星所必需的天分与忍耐”，又曾为她换过一套照她自己说来“做梦也不会穿上身”的华丽丝绸明星长袍，在摄影架前扮成人所习见又俗气又轻佻的海上明星姿式，照了一个六寸单身相片。事约后两年，丁玲女士在她的上海寓中，说到她那点在记忆中永远使人又愉快又忧郁的经验时，还不忘记同时摹仿乡亲艺术家··的乡亲口吻，轻声的骂上一句湖南人所常骂的野话，接着便说：

“那也是生活！有那么多不同的人，成天在那里，装妓女，扮小生，来去忙得成一把扫帚！”

她语气中虽十分轻视当时的电影事业，却正从那方面，严肃的触着了生活的实状。

这作明星的一分经验上，丁玲女士于她的《在黑暗中》一书里，似乎曾借用了那点经验，写过一篇优美的故事。故事名为《梦珂》，故事中说明了梦珂如何到了电影摄影场，见到了些如何意想不到的人物，梦珂的希望在这种情形下是没有了，计划是失败了。但当我们谈着那分经验，以及从经验上所得的感想时，她却说在那方面她方“认识了生活”。她说的十分确实，因为这个人在她的各种旅行经验上，各种短期寄居经验上，公寓里无目的的打发日子，当铺里出出进进，为了应书记考试所有的各样笑话，所有经验都仿佛只是自己本身的事情，经验的积累，也不过使自己多认识些自己罢了。直到同一堆陌生的人，混在一个陌生的场所，点起名来这里有的是大学教授，大学生，由文明戏班改业的丑角，逛马路的瘪三，小家碧玉的候补明星，钱店出身的胖老爷，……为了编排一出新戏，各人莫不在所应作的角色身分中，把性格夸张的放大，尽摄影器收入镜头中去，完事散场时，督军便伴着阿三胡闹，老鸨又与大学生拌嘴。一个摄影场同时也就不啻一个缩小的社会。她虽还只算是一个旁观者，却正从旁观者地位上，学习认识了社会上各种类型的面目，以及互相的关系。身分的孤立，增加了她对于别一种人行为举措的注意。明星公司并不能使这个女作家成为银幕之星，却教给她上了一课有意义的人生课目。她在那里得到了客观体念社会····各个分子的机会。她走近了这种事业的边缘，虽不能深入那种生活，短短期间中，当真已可谓不虚此行，学得了许多此后必须明白的东西了。

当丁玲女士同我说到这份经验时，海军学生则在这种失败的生活计划上，尝作微带嘲讽的叙述。因为他始终皆不相信上海方面那种生活有她的分，始终皆认为丁玲女士的打算，只是近于乡下人与小孩子的打算。因此一到事实代为证明了她非放弃了作明星的希望不可，放弃那方面也就正是还有一种更光荣更重要的事业等待她去开发时，海军学生可不愿意放弃那点当着老友调谑新妇的权利了。海军学生欢喜复述过去一时两人的一段对话！

"频，你的文章又退回了，习气那么坏，我们有什么希望可以把这些势利编辑的脖颈扭转来？希望他们自己的脖颈扭转既不可能，不如自己来办罢。"

"自己能办当然好得很。可是从什么地方得钱？你爸爸若不送人那匹白马，现在一定就有办法了。"

"你答应尽我说出我的意见，且让我去试验一下，我们就准可有钱出周刊了。"

"你的意见就是做明星。你不要说办周刊去做明星，只说想冒险去试试那分生活好了。"

"我真想试试。我有把握，只要导演的不是瞎子，我有把握可以从那方面得到我们所希望的一切。”

男的这时自然就说：“你所有的不是把握，只是勇气。”

“有了勇气就可证明我一个人跑去决不至于吃亏。一分成功原就需要一分勇气。”

男的不说什么，只是微笑，女的便接着说下去：

“你同从文做诗写小说，尽那些作编辑的刻薄你们虐待你们。我可受不了这种侮辱，我看不起那些东西，我要去演戏。各自做各人的事业，到明年后，你的诗或者还因为是送给我的，方有编辑来看，方有读者欢迎！”

“你若相信你自己的勇气，能跑进上海··公司会见那里的经理，或那里的导演，你就去你的。”

“那么我们说好了，你也得有勇气，不把我半途拉回，也不要妒嫉我的出名！”

时间过去了。一切人事的安排皆在时间中改变了。

海军学生翻开桌上一本相片保存册时，就说：

“·，为什么你把··替你拍那张明星式的相片撕碎？你为什么不留下来，让它帮助我们在回忆中年轻些？你现在只想正正经经老老实实来写几个好故事，但你过去一时，实在以为自己应当成个明星，你应当留下一点点能够帮助你思索一下你活下来同这个世界所发生的关系的东西，现在你却只剩下一个留在眼角嘴边的微笑了。”

“可是年青时一分胡涂打算，一分经验，虽不能从那张相片上把我带回‘过去’，频，你的幽默倒明明朗朗，永远是现样子！”

海军学生的为人，是在微笑里虽不缺少幽默，在言语里却不容易找寻所谓幽默本质的。就在这种故事叙述上，有时说得比我所记下的或稍粗一点时，便得丁玲女士把头摇着，连声喊着：“频，频，不要说怪话，再说我就生气了！”海军学生方另寻题目，同朋友谈其他故事。

说到这些事情时，已在几人同住上海的时节，故我想把时间仍然带回去几年。因为关于两人第一次过上海，固然就试验了那作明星的计划，第二次过上海，以及因那次过上海，方如何建设了她自己的事业与命运。但还有些琐事，发生于这两年中，在这里我并未提到，在《记胡也频》一书里，当时也不提到。很显然的，这个人的事业与命运，却又与多数小小事情具有因果关系，正如这个人的作品一样，不明白她生活环境，与当时读某几本书的影响，就无法理解她的艺术，与作品中理智观念形成的因缘。不明白她生活上发展的秩序，对于此后她的创作生活也就无法说明的。

他们在北京从山上迁入城中，为得是城中有个公寓，主人那么知趣，对于从事文学创作的青年人，又那么发生兴味，故两人既不能长住西山，自然没有什么理由，反对朋友的提议，不把行李迁入这个公寓了！到了新的住处后，丁玲女士一面还想创作，一面眼看到在补习学校同住的曹女士与钱女士，一个已考入了北大，一个已考入了师大，自己却只是那么把生活搁在梦里，把希望写在水上，未免有些不安。两人一下山，买菜的不必上街买菜，做饭的也不必两手抓取煤球或向井边提水擦洗碗盏了，闲暇更多了些，两人便过北大去听了些随意课。虽所上的课不到三五次，但另外在公寓中，却实在读了不少书籍。丁玲女士自己既生成一个充满生活幻想的头脑，实际生活又那么窄，因此每一本书每一个作品，尤其是那些翻译作品，莫不成为这个女作家精神方面的营养物。书读多一些，感情宽了一些，对于人事与文学见解也更深沉了些，因此朋友方面，皆对于她得到极好的印象。朋友多在北京号称“作家”的大学生，每当畅谈一切时，辞令与观念，在这个女作家面前，皆见得很平凡很小气。从这种谈话中丁玲女士的所得感想，只应当是：“这全是一群无多希望的人物。”假若因此还增加了她一分骄气，这骄气对于她是有用的，不可少的。某种人有了骄气，只给他自己事业发展上加上一个限制，但这个人却正需要那点对于一般男子理性平凡行动夸张而引起憎恶与轻视的骄气，方能认识自己的工作和责任。因之，当她能执笔写作时，便产生了《在黑暗中》，《韦护》，《水》，《母亲》，诸作，自觉应当放下她那枝笔，去接受一点更严肃的教育时，便毫不迟疑，毫不矜张，走入了……………………

…………………………………………………………

…………………………………………………………

…………………………………………………………

………………她老早已看出了一个男子有了点聪明与世故时，就如何不适宜于社会较远理想作牺牲，也就如何不像个有希望的男子。………………………………………………，………………………………………………，………………………………………………。不过，在当时，这女孩子那分骄气，是隐密的，不形容于颜貌间，从不曾为一般常相过从的人所感觉得到的。

朋友们所得于丁玲女士的好印象，实不在她那女性意味方面。她能给朋友的是亲切洒脱。她既不习惯使用脂粉，也缺少女性那分做作。她待人只是那么不可形容的爽直，故朋友相熟略久，就似乎极容易忘掉了她是个女人。

然从另外一方面说来，则凡属于一个女子某种美德，她却毫无缺处。她爽直并不粗暴。她无时髦女人的风韵，也可以说她已无时间去装模作样的学习那种女性风韵。她容易使熟人忘掉她是个女人，不过因为她没有一般二九年华女人那分浮于眼眉形诸动止轻佻风情罢了。认识她灵魂美丽天分卓绝的，只是很少几个朋友，一般人对于她的美丽处与长处的认识，则必需数年后从她作品上方能发现的。

两人迁至东城后，当时的青年作家·········等，皆常常与他们往来，来时不是共同在北河沿脏沟旁散步，便是在公寓中小白炉边吃小铁锅煮就的烂饭。这些人莫不较之海军学生著名于时，事实上则一段短短的时间中，就证明了这些皆无使人特别注意的聪颖与学殖。这些朋友来到时，海军学生与任何人皆作过激烈冗长的辩论，畅谈各方面的感想。丁玲女士则常常在这种辩论中微笑着，注意朋友中被海军学生谈锋挫败的脸色。这些朋友或说到某报正预备印行什么周刊，某报纸某人，已接洽了一个副刊，这朋友走后，一对年青人总若有会心似的默然微笑，最先开口的必是丁玲女士。对于这些消息受刺激最大的，不是海军学生，不是我，却常常是还不曾执笔作文的她。

她总慨乎其言的说：

“频，这些人要办什么，天生就有那种好运气，一下子可弄好了。”

那海军学生还记着先一时某朋友的话，便只会说：

“休，休，（他叫我）我们赶快也去问问，不要他们的稿费也行罢。我们写一个信去问问，还是亲自去问问？你说。”

我有什么可说？我只能为他那急于自见寻觅途径的

勇气而微笑。

我的意思只以为“我们假若对于事业还有一种信仰，就不必为别人眼前一点点成就红眼。纵各方面毫无出路，也不妨仍然在沉默中支持。若只顾同身边几个人计算得失，那我们未免太小气了。”

我记忆大约也稍好一些，为了使海军学生沉静点，且常常在回答海军学生意见中就指出一些当前成功不足计较的事实。并认为我们必然得在某种厄遇中过些日子。若不记着这些当然失败处，只亟亟于寻觅出路，则结果又是碰壁。因为当时的北京报纸，事实上凡可以印行副刊的，我们皆似乎已直接间接问过了，我们只希望每星期能占有什么报纸篇幅一角，为他们白尽义务编个副刊，结果还是无一处接洽得成功。各个报纸皆似乎随时可多添一个周刊，但轮到我们时，则地位已满，再抽不出空处了。

我照例不会因作品缺少出路，便改变工作的目的，海军学生则照例不会因过去的失败，馁去寻觅出路的勇气。他认为机会来时，总仍然伏在书桌边，即刻捏了笔，飕飕的为编辑为朋友写起信来。

丁玲女士同我意见常常相近，一见海军学生那副神气，就要说：

“频，得了！你们不是文学团体中人，你们文章人家还不登载，何苦来又去做这种可笑的事情？”

海军学生自然还得把信写下去，三人中只有他不觉得这件事情可笑。信写成时，他还担心丁玲女士会撕去，便远远的站在房中角隅里，一面摇手制止丁玲女士近前，一面把信摊开，念信中的文字给我们听。

“··先生，我们这里有几个年青人，想在贵报办一个《文学周刊》，范围包括了……”

这种信既提到几个人，当然就应署我同海军学生的名，我虽明白那不会有什么结果，总仍然得签个名，尽海军学生把信付邮。丁玲女士虽明白那封信投去等于白寄，也仍然常常陪了这个急性勇敢的海军学生，从北河沿向北，走到北京大学第一院门前，眼看到海军学生亲手把那封可笑的信塞进邮筒后，再相伴回家，等候报馆的消息。

我们皆知道所接洽的刊物不能成功，我们却从不放弃那点向人接洽的机会，现在回想起来，这点回忆是常常弄得人十分忧郁的。为了这些胡涂冒失的经验，我们学习明白了许多问题。那两人皆因此明白了社会历史相沿习气所染一切制度的荒谬，要纠正它，改革它，走上了自己应走的大道。且在行为上还缺少了些机警，一下子小小疏忽，就掉到目前的深坑中去了。我则对于人事俨然明白了更多，终日为一些记忆现象所围困，变成更固持于一己工作，不问世俗成败，同一般所谓时代兴味取分离样子，简直是一个又迂又腐的人了。

六

当两人在西山无法支持下去，迁入北河沿一个公寓里时，原为了先从朋友方面，就早知道那公寓中有个明理知趣主人的。这主人风度同性情，使人一想起来便觉得混合了快乐与忧愁，从他那份性格上，总仿佛可以接触了些又荒唐又微妙的人生。

这公寓主人做得是市侩行业，对于账目却似乎无多大兴味，他所欢喜的只是同人来谈李白，杜甫，摆仑，雪莱。他并不懂诗，对于诗人却古怪的十分同情。他从早年夭死的刘梦苇君方面，听说过这个世界中若干诗人文人的事迹后，便把自己变成一个满有意思的人物了。他明白住在他公寓中，正有若干诗人与若干文人，总想方设法同这些作家接近。不拘什么时节，遇着本地某种报纸副张上，登载有某房客一首诗一篇小说，为他所发现时，就赶快拿了这份新闻，向各个房客去报告，（他与人提及这件事情时，永远用得是一副装模作样的神情，而且细声细气。）他不单向熟客报告，也欢喜向生客宣传。从这种行动上他所能得的快乐，似乎常比某一时得到什么客人一月租金还满足。

他总装模作样的站到客人的房门边，说了几句“您下堂了”！“今天好”，“朋友不来”！这一类闲话，到后才把预藏在身背后业已折得妥贴的报纸，递给这个客人，于是轻轻的说：

“·先生，您瞧，您瞧，这是咱们院子里·号·先生作的，这是一首诗，写北河沿儿大树，白狗，写公寓中抽苗的茨菰，天空中带哨的白鸽，厨房中大师傅油腻腻的肥肚，七个韵脚，多美的诗！”

客人或不明白他意思所在，他就重复解释这是什么，为谁写的，写诗的人又住在公寓中有了多少日子。客人或听明白了，把诗看过后对于他热心处感到兴味，微带谐趣的回问：

“掌柜的，你懂诗吗？”

那时这掌柜的，方记起了面前说话的一个，既不是诗人，又不是文人，且认为这住客不能理解他是一个如何对于诗人文人爱护的主人，稍稍感到失望了，他便装作十分谦虚，谦虚中却蕴藏了一分自得的神气，向那客人说着下面的话语：

“我做生意的懂什么诗！？·先生，您同··号先生不常谈过吗？同·号的先生不成天一块儿上课吗？他们无事也常常同我谈些读书人谈到的事情。我是个生意人，不上过学，认字也不多。（他笑。）‘十九世纪的浪漫派走入颓废道路’。（他随便插入那么一句话后又自得的微笑。）·先生说丁尼生也住过像咱们这种公寓，多古怪呀！（他为了提出丁尼生名字，又不由得不微笑。）没事时您先生请赏个脸儿，过柜房坐坐，喝杯茶，谈谈天。……”

他一面说着这些话时一面总是微笑，因为有多少说不出口的话，无机会来说，皆只好融解在那种微笑里！

他的话也许说得比我所记载的更文雅些，把这个对于他缺少敬意的客人即刻请过柜房去，或者稍过一时，又想出别的方法，拉客人过柜房去。到了那里，大学生一看，墙头上这边是隐士装扮曳杖而行的陶渊明，那边是小生装扮负手觅句的李长吉，近窗边又有个海盗神气的五彩摆仑照片，大炕头则牧师模样的人物除了但丁还有谁那么瘦？……于是搁账簿的小桌上，发现了《小说月报》与其他文学杂志，大炕头发现了《新潮杂志》，这主人那个微笑的脸子，也摆在带了惊讶眼光的客人面前。这客人如果稍稍细心一些，将更加觉得希奇，便是那些杂志封面虽那么旧了，却依然十分整齐干净，而且封面一角，还带有大学生所熟习的青年诗人名字题在上面，这客人会想着：

“这掌柜的真看不出，原来还是个斯文人呀！”

他不必客人那么说，就可以从客人惊讶神气中搜索出那两句话的意思，他便微笑着，带着抚慰意味，把话继续说下去。

“·先生，您请坐呀！这地方太脏，不成个样子。·先生，您坐坐，我们谈谈！”

谈些什么呢？自然就是诗呀文呀的一大篇。他能够复述从旁人所听来的一切文学掌故与新颖名词。他并不看过多少书，却明白许多文人的籍贯生活。他不单明白本国过去现在的文豪著作名称与其他种种，外国过去现在的著作家也似乎十分熟习。

……这些那些他全知道他们的根底，他就爱那一点儿。他服侍你，同你要好，尽你欠账，又并没有何等野心。他别无所求，为得只是要你把他看同一类。他的行为是不乐意成为市侩的努力。这样一来大家当真也好像把他看得不同了。因为住处有一部分是未来的文人，对于这一部分人，这掌柜也似乎多需要一些忍耐了。应当向什么人要一点钱时，走到那个人的房中去，坐下来，还不说话，这一方也明白来的意思是什么了，却不必提近来苦况，用为搪塞索欠的开口，不妨尽同他谈着古今中外文学家的厄遇，以及在如何情形中又如何遇着一个贤主人，（为了凑巧的原因，再说一点更合题的话也不妨，）到后，这掌柜的会从古来世界上的事情，推想到目前的事情，不单是不愿意启齿窘了住客，并且在开晚饭时节，还一定不会忘记特别把饭菜开得丰富一些。……

上面所摘引的，是我在《记胡也频》一书上为这个公寓主人所作的剪影。海军学生夫妇两人，当时便得过那主人的种种殷勤，支持过若干日月，且在记忆中保留了一个又觉得感激又觉得好笑的印象。

丁玲女士被人当成作家一般尊敬，大约也从这公寓主人为始。因为她还没有开始执笔以前，就早得到这主人善意的待遇了。

海军学生靠写作为生，在坏习气下既毫无出路，日子过去了，每个过去的日子，皆带去了些未来生活的勇气，另一远方却有个年近六十的小学校长，常常来信告给他们，外边不易支持，还可以回到她身边去，故公寓中的好主人，以及北京城秋天来的干净空气皆留不着他们，恰好那时节两人在公寓方面又有了些小小故事，因此丁玲女士就离开北京回了湖南，过不久，海军学生也跟着走了。

回湖南后海军学生便开始写诗，所写的诗不外乎两人随了每个日子而来的和洽无忤的友谊，使那个偏执热情的年青男子，从女子方面所得到的眼睛，鼻子，两条臂膊，一张口，或别的什么印象，处处惊讶出神，又在小小分离上与小小冲突上，让那些事成为习惯的各样嗜好，折磨到心灵同身体，故写出的诗，形式同意境方面，皆离奇少见，且充满了狂热的感情。

两人回到湖南住了一阵，丁玲从母亲方面得了些钱，第二次预备出门时，大约北京还有些痛苦的记忆，故两人并不预备过北京，最先只在长沙住下。长沙觉得不好，两人搬往武昌。武昌又觉得不好，两人再过上海。上海地方那么大，住下来自然很合式了，又因为那地方耗费太多，所带的钱极其有限，演电影作明星的计划，则一临实地却已证明了完全是个梦想，在北方，海军学生正慢慢的把他的作品找到了出路，若机会不太坏，大约已可每月得到二十元左右的稿费，两人且记著北京公寓中欠账的权利，虽明明白白知道北京方面一些看来使他们不愉快的脸子，到北京时还有机会见到，可是他们依然又过北方了。

到北京后他们就住在西城槐树胡同，丁玲的希望只是一个月约十五六元的书记位置，各处设法皆难如愿。似乎为了避开旧有熟人，故特意找寻了那么一个偏僻住处。住处既极湿暗，生活又沉闷无聊，故两人皆萎悴了许多。那时为了省钱，丁玲女士又把烧火煮饭的职务消磨日子，朋友来时，又有机会可以见到她在屋外廊檐下劈柴了。

两个月后，两人第二次迁入了北河沿某公寓，建议的为刘梦苇。几人眼看到他们重来，北方新起出版业的兴旺情形，皆觉得有尽力把自己加入这事业的必要，恰恰大家友谊又好了，于是便有人提议如何来办个刊物，成立个社，这社从“未名社”得到暗示，便取名“无须社”。社名含义既极其幽默，加入份子也不从任何方式定下标准，故这社实在也不成个什么东西。使这个团体成立的为丁玲女士，她因为无作品就始终不承认是社员。我虽有一本书拟定作无须社丛书之一，我就从不参加他们的讨论，也全不明白这个团体究竟有几个人，选定由谁负责接头，且预备做些什么事。

日子过去一大堆后，南方的革命军从湘南北伐，军事方面进展得异常迅速，武汉解决后成为军事政治的中心，我们的熟人皆走到南方做事去了。我们的熟人，从北方到南方后，都觉得南方一切皆显得极有生气，便是写作小说，也认为非到武汉玩玩不可了，因此常有信来问我们，是不是想作事，若想作事，一到武汉总有办法。当时我们都没有离开北京的意思，认为不必离开北京，理由又简单又切实的是丁玲女士。我们几个人商量看是不是过武昌时，她意思只是：“若想做官，可过武昌，若想做文章，不应当过武昌”。她那时虽蕴酿了动笔的欲望，却并不写出一个短篇。她不过因为海军学生生活的基础刚刚稳定，不愿意他又放下这分事业，另作计画罢了。那时节海军学生从晨报馆与其他方面，每月已可得到二十来块钱，两人就靠这个收入应付一切。

他们有了点钱，只想得到一个较好的住处，所以每天无事就过各处去看住处。两人住过银闸，住过孟家大院，住过中老胡同，最后才迁入北河沿的汉花园公寓楼上第十号。

在那公寓楼上他们大约住了将近一年，那时的生活虽仿佛不很窘迫了，由于支出方面不甚得体，两方总仍然常常显得极其狼狈。冬天来时，房中虽有煤炉，却无煤块，客人来时，就得女主人用旧书旧报作为取暖的燃料。报纸完事后，外面寒气十分逼人，室内无法工作，两人就坐在床上看书。

房租到期无法应付时，两人便常常不在家中，各处乱跑。在家为掌柜的见及时，便装作出门借钱的样子，用围巾紧紧的裹了身体，出门向北或向南踏雪散步，直到夜深方敢回转住处。

两人在北京住下来，总像等候什么似的。等什么?两人似乎也不明白的。但当真等着，就是等着丁玲女士写作的机会。

过分的闲暇使她变成一个沈静的人，由于凝静看到百样人生，看到人事中美恶最细致部分，领会出人事哀乐最微小部分，海军学生长时期相伴的一分生活，培养到她的感情，心灵与智慧已成熟到透明如水。她等着写作的机会，“成功”与“荣誉”却同样又在等她！

她于是开始写了《在黑暗中》以次诸篇章。对于这个新作家的写作，给了最大鼓励的，实为那时《小说月报》的负责者叶圣陶。《小说月报》用了她的文章，且随即就寄给了一笔出乎两人意料以外的报酬。得到这笔稿费后，两人真不知道怎么办。作品刊载后，就证明了编者的见识，超人一等，对于这无名作家作品的采用，并不见得错误。《小说月报》一万余固定读者方面，皆希望明白作者是谁，其中一定还有与作者平时常相过从的人。与他们相熟的人，决想不到那么一个朴素圆脸女孩子，写得出这种感情强烈色泽鲜明的作品。丁玲是谁？假若是一个女子，这女子又是谁？真是一个希奇的谜。很觉得有趣，也很可以明白一般人的意见简陋，想及时永远令人觉得有点难受处，便是某一些熟人，直到很明白地告给这种作品是谁写作时，他们还表示出未能相信的神气！

文章既有了出路，两人的生活，自然也有了新的设计。两人皆觉得应当多念些书，且当真感觉到非念书不可了。想学好了日文，以为将来稿费能每月固定得到若干数目时，两人或可以同时过日本去，便从朋友中商量如何补习日文的方法。

那时节，朋友中学日文的无一人，朋友的朋友，却有一个据说已经能够用日文译出书的·君。但当时想把这人请来谈谈，与·君相熟的朋友又恰恰离开了北京，无人可以代为介绍，也就罢了。

我则恰如在另一本书所记，因中国的南方革命已进展到了南京，出版物的盈虚消息已显然有由北而南的趋势，北京城的好天气同公寓中的好规矩，都不能使我们承认老耽在这个砖头垒就的大城中为得计。并且在上海一方面，则正是一些新书业发轫的时节，《小说月报》因为编辑部方面负责者换了一人，作品取舍的标准不同了一些，在北平汉园公寓写成的《柏子》等作，已经给了我一个登载的机会，另一登载我作品的《现代评论》，编辑部又已迁过上海，北新书局与新月书店皆为我印行了一本新书，我觉得我在上海即或不能生活得比北京从容些，至少在上海也当比在北方活得有意思些，故我不能尽在北京住作过日本留学的空想，就从海道把一点简单行李同一个不甚结实的身体，搬移过了上海，在法租界善钟路一个朋友代为租妥的亭子间住下，开始了我上海的新生活。再过了两月，他们两人又用另外一种理由，也居然到上海来了。

七

两人虽在上海住过，这次来上海既不预备久住，故一来就暂且住在我那地方。那时节我住处已经从亭子间改为正楼大房，房中除去一桌一椅一木床外，别无他物。两人因此把被盖摊开，就住在我房中楼板上。

两人平时虽极亲密，年青人的个性既强，意见或有不小小冲突时，抖气吵闹，大凡青年爱侣不可免的一分任性处，自然也可以在两人生活中存在。设遇一个作出“什么皆不需要”，一个作出“要走你即刻就走”的神气，把局面完全弄僵时，我若在场总极力转圆，希望他们各人节制自己一会儿，直到毫无办法时，我就堵住房门，不让那个要走的能走，也就是省得另外一个另一时节各处坐了汽车去找寻。同时我从他们一刻大吵大闹一刻和好异常的生活上，且明白了少年夫妻自然最容易发生这些事情。我把这事情称作“感情的散步，”就是感情离开固有生活的意思。我一面劝解，一面必在心中打算："我若是懂事明理的人，我会看得出这是用不着救济的事。一分凝固生活有时使人厌倦了，一点点新的发现照例就常常使人眩目。然而这眩目决不是很久的事，一时的幻觉必不至于使人永远胡涂。同时，这过失若不过是由于过分热情而成的多疑与多嫉？则只需要一分稍长的时间，一切误会就弄明白了。"我先就算定两人一切误会的理由，决不出那个海军学生的褊持热情疑嫉以外。故一面劝他们，请求任何一个节制一下自己的感情，一面且明明白白的告给他们，我的意见不是担心他们分离，却实在只是担心过一会儿海军学生没有车钱各处去找她。在过去这种事情却既常由于两人疑嫉而起，皆近想像的问题。这次到了上海后，第一天两人就都带着意见相左的神情。

情形真糟，两人还只住在我那儿一夜，第二早上就为了一点点小事闹翻了。我原在他们身边，视听所及皆迷迷胡胡难于索解。到时有眼睛的不去注意对面的脸色，只知肆无忌讳的流泪，有口的也失去了情人们正当的用途，只知骂人赌咒，凡是青年男女在一块时，使情侣成为冤家以后，用得著的那一份，两人皆毫无节制的应用了。我那时真又急又愁，不明白应当如何帮他们一点忙，做一点于他们两人有益的事情。

我先前还不明白两人争吵的主题何在。后来才明白当真有了那么一个人，凭了一种希奇的机会，居然把一种带着乡巴老的朴质有余技巧不足的爱情，穿插到了两人生活中间。吵闹时节——

男的说：“我知道你不爱我，已爱了别人。”

女的就说：“你不爱我你才那么不信任我。”

男的又说：“我就因为太信任你，你就去会他。”

女的又说：“你那么多疑自私，还说在爱我！”

男的又说：“我信任你，你就成天到他住处去……”

女的又说：“我到他那儿去，你不是明知道为了什么事情吗？”

话说得再重一点时，于是女的就把大衣脱去，把皮夹中所有的货币倒出，一面哭泣一面十分伤心的说：

“频，频，你莫说了，你瞧，我一个钱不要，空着这两只手，我自己走了，你不必再找我！”

男的也仿佛有理由十分生气，接着就说：

“好，美美，你走你的，我知道你离开我就到什么人的身边。”

女的气得脸色发青，一面开门答着：

“是的，我就是去他那里。我爱他，我讨厌你。”

“我早知道你是……”

“那你为什么像疯子一样追我赶我？”

男的见女的尽哭，尽把我送她那副美丽羊毛手套用牙齿咬得破碎不成样子，又见我守在门边，女的并不出门，就十分生气的说：

“你要走你走你的，我不留你！”

女的自然就极力推我，想攫取我衣袋中的钥匙，见我不让她走，就说：

“从文，你这是怎么？你让我走！我绝对不再留在这个房中！你不许我走，我就生你的气！”

那男的于是也说：

“休，休，你尽她走，她有她的去处！”

我让她走我才真是傻子！因为我已经有过了很好的经验，这一个抖气走了，另外一个等一会儿还是得坐了车辆各处去找寻，把熟人处，公园，影戏场，无处不找到。我还得奉陪来作这种可笑的事情。当天找不着时，我又得用一切话语来哄着这一个，且为那一个担着心。日光下头的事全是旧事，这一次自然还同上一次差不多，上海地方那么宽，要我放走了这个，又去陪那一个向各处做捉迷藏的玩意儿，一面还时时刻刻捏着一把汗，以为一个假若因为呕气跳水服毒，一个就会用小洋刀抹脖子自杀，简直是一种无理取闹小孩子的行径，这种行径也真够麻烦人！

女的既不能走，男的后来便又想走了。这海军学生虽然体力比我好些，但到了这些时节，自然不会把我屈服得下，我决不能把手中钥匙尽他抢走。

于是三个人支持下来，两人皆如莎士比亚戏剧中名角的风度，用极深刻精粹的语言，互相争辩同诘难，我则静静的倚定在房门边，看这充满了悲剧与喜剧意味的事件自然发展。

当两人提到一个横耿在生活中间人时，经过两人的陈述，我才明白这件事对于我们数月以前在北京无意中谈及的生活计画，大有关系。

原来三人还在北京汉花园公寓住下时，各人文章都有了出路，都以为凭了稿费收入，将来就可以过日本去读书。这种好梦是三个人睁着眼睛同做的。因为想过日本，就提到学日本文，因为应学日本文，就想到教日本文的人。朋友的朋友，既可教日文，我们就先假定这是我们的先生了。有了这点因缘，我过上海后，另外一个朋友却居然把那个学习日文的·先生找来了。

自然的，这先生上课一礼拜后，两人之间便皆明白了这种学习有了错误，她并不适宜于跟这个人学习日文，他却业已起始跟她在学习爱情了。

最糟的事便是引起问题的女人，不只是个性情洒脱的湖南女子，同时还是个熟读法国作品的新进女作家，她的年纪已经有了二十四岁或二十五岁，对于《肉体与情魔》的电影印象则正时常向友朋提到。来到面前的不是一个英隽挺拔骑士风度的青年，却只是一个像貌平常，性格沉静，有苦学生模样的人物，这种人物的爱情，一方面见得“不足注意”，一方面也就见得“无害于事”。因此，倘若机会使这样两个人单独在一处，男的用着老老实实的，也俨然就如一般人所谓乡巴老的神气，来告给女的一切敬慕以及因此所感到的种种烦乱时，请想想，那个熟读《人心》等书的女子，她将如平常自以为极其贞静的妇人那样，认这种事情为一种罪恶，严厉的申斥男子一番，还是懂事合理一点，想出一种办法来镇静一下那颗乡下人烦乱的心？并且她已明白她应当怎么办合理一点，也许还稍稍带了好奇意味，想更发现一点点分内所许可她发现的东西，就不再注意海军学生的感情，海军学生又看出了这件事情，只由于自己的年龄与性情还不能作一个“绅士”，那么，此后将作成什么结果？

事情就恰恰如此，问题也并不很稀奇，全因为各人皆太年青了一些，皆有感情，却不知道如何节制自己的感情，皆需要理智，理智到了这时节，却逃避到远处，或为偏见与热情蒙蔽了，故两人虽从北京到了上海，那些纠纷却仍然不能脱身。为了逃避这种纠纷，两人还想同过杭州，从后来所得证明，则这种逃避，也依然全告失败。

从两人问题上看来，我当时的意见，就只是希望海军学生学得“老成”一点。只要他老成一点，这事情就容易处置了。

海军学生在当时最缺少的就是理性，若我不见过他那次对于丁玲女士的行为，我还不能相信一个男性在这方面缺少理性时节，灵魂粗暴能到什么样子。同时我却在这方面，另外又多增加了一分知识，便是一个女性固常常需要柔情，但柔性在某一时节，失去它的用处时，非常的粗暴，又似乎更容易征服她的一切。

两人在言语方面质问与责难，海军学生完全失败时，就沉默无言，脸上现出悻悻神气，走过丁玲身边去，用腕臂力量挟持到她，或用拳头威吓到她，我虽然一面劝解一面警告他："小胡，小胡，你这办法真不高明，你这样欺凌她不配称为男子!"他却不顾一切，总有方便把他要做的那种武艺做完。很古怪，那么说著闹著绝无妥协的丁玲，则每到这种情形下，反而显得异常柔和起来。若我所注意到的并无多少错误，我可以说她先前正缺少些出自男子的隐密事物，因此一来，她便满足了也安静了。

两人到下午一点钟时，似乎各人皆把理性找回来了些，一同向我道歉，皆以为不应当把我为难，三人便笑著离开了我那住处，同过大马路吃了一顿饭，再过商务印书馆取了几十块钱稿费，还很快乐的看了一次电影，又在一个小馆子吃了晚饭，回我住处谈了一晚各人的计划，第二天一早，两人便过杭州西湖过日子去了。

他们过杭州约六天，某一晚上，这海军学生又形色匆匆的跑到我的住处来了，我问他为什么又单独跑回上海，他却坐在我的床边，凄惨的微笑，告给我他已准备不再回转杭州。我问清楚了丁玲还依然一人住在杭州，他却又是在一次流泪赌咒的情形下跑来上海。于是我就同他在一个大木床上躺下来，详详细细究询他这件事前因后果，听这个人作一切不离孩子气的申诉，且记著这件事每个要点，等他无话可说时，便为他把这件事从旁观者看来各方面必须保持的最合乎理想的态度说明。因为他尚告给我两人虽同居了数年，还如何在某种“客气”情形中过日子。我便就我所知道的属于某种科学范围的知识，提出了些新鲜的意见，第二天，就又把他打发回到杭州去了。这次回去，我对于海军学生所作的一番劝告，大致很有了些用处，风波平息了，一切问题也就在一份短短岁月里结束了。

两人住在西湖葛岭一个单独院子里，大约将近三个月。三个月中的生活，或者因为新增加了那从前所缺少的成分在内，故两人简直像一对同度蜜月的伴侣。春天的西湖既使人安静舒适，他们又认识了几个在艺术院教图画的男女朋友，日里玩处极无节制，晚上仍然还可写作文章。海军学生到后与朋友们谈到西湖时，常用作新郎的风度，以为在西湖所过的日子，回忆时使人觉得甜蜜快乐。两人为了天气渐热，不能再在西湖住下，回到上海法租界永裕里住下。八月间我住在西湖灵隐石笋峰，两人赶过西湖，邀我过葛岭去看他们那住处时，海军学生便告给我，他写的《来了客的黑夜》那个聪明贼人，当真从某处爬入，某处逃走。且指给我看他每天坐在什么地方谈话，坐在什么地方做事。

八

两人住在上海永裕里十三号三楼，是间髹了庸俗绿色油漆充满油漆气味的楼房。把一铺租来的大木床，安顿在房间中央后，前面放了一张写字台，后面又放了一张写字台，靠墙边则有一个书架，一张方桌，四把椅子。墙头上则挂了蔡威廉女士所作的大幅丁玲画像。煤油桶，米袋，打汽炉子，以及大小碗盏，平时完全搁在床底下，需用时方从床底拉出，不需用时又复赶快塞进床底。为了吃饭，两个人每天大约下三楼提水六次。点汽炉子，用照相框反面作为砧板，把小洋刀切牛肉与洋葱，则归丁玲女士。海军学生当来了客，发现了还缺少什么作料，或必须加一点菜蔬时，便救火兵模样飞奔下了三层楼，冲出同堂大门外去，购买那一点点必需的东西。

两人一进新屋，刚把什物安排妥当后，就开始坐下来写字。写些什么呢？从住在二楼的二房东看来，总以为是写“信”。吃饭以前她上来望望，询问一下两人需要什么当就便为他们上街捎来，那时节眼见到两人各自坐在房中一隅，完全是写家信的神气，伏在桌边只是写。这房东为了好奇，吃饭以后又借旁的原因，跑上三楼来看看，只见两人还依然各自坐在写字台边，写那些永远也不会写完的信。在房东意思，实以为“若这不是写家信，除了写信还有什么可写的或必须要那么忙著写的”？女房东仿佛常常猜详著，可是决猜详不出什么结果。

两人先前一时那点龃龉处，既俨然业已完全忘掉，新生活又复在快乐中把日子打发下去，工作事业则由于异常勤快得了各方面的出路，于是日子过去了！丁玲女士的名字，在北方，在南方，皆被年青人用一种亲切的友谊加以注意，成为一个非常时髦顺耳的名字了。《在黑暗中》一出版，作家间亦无人不承认“这是国内一种崭新的收获”，这收获又显然如何超越了稍前一时代的作品标准，另向一新方向上展开与突进的。

那时节女作家中几个人，冰心因病倦于写作搁笔了，沅君（淦女士）写作《隔绝之后》的时代已经稍稍过去，努力研究词曲去了，叔华明白了她的所长当在绘画，埋头于宋元临摹，不再写她的小说了，同时女作家中间或还有写作陆续发表的，如苏雪林，陈学昭，虽各把握了一部分女性读者，较之丁玲女士作品笼罩一切处，则显然无可颉颃，难于并提。写作既出了名，从写作上得到了生活的意义，故他们所过的日子，虽仍然常常贫困得十分可笑，却感到了工作的严肃，既不自满也就不能自弃。

两人在西山时生活方面常像小孩子，到了上海，两人依然还像小孩子。为了每月房租将到期，各人赶忙来写小说，一写成时就送过拿钱最方便处去，从编辑处取得了通知单，又从会计处或营业部换得了一叠钞票，得钱后，两人或一人在街上扬长走着，大街上各种商店的临街大窗橱内，陈列了种种货物，皆常常把这个路上人吸住，且即刻诱入铺子里面去，等待可出门时，钱夹中的钞票减少了。钱少了，胁下自然就多了一个盒子，盒子中或是可吃的，或是可穿的，或是可以摆在窗台上的，总而言之则大多数是两人不必需的。男的只欢喜为女的买贵重香水，贵重的糖果，值钱的花边，值钱的鲜花，女的则欢喜为男的买价钱极大的领带，以及其他类乎这种东西的小玩意儿。至于两人同时能走入商店则自然更容易把钱花尽了。设当时只是一个人，这人把所买来的废物携带回家中，笑嘻嘻的共同坐在床边来开看盒中所有时，一个说："瞧，这样好的东西，只六元，你不觉得价钱真公道吗"？那个必说："妙极了，好极了，我欢喜它"！不管买的是什么，两个人似乎意见皆十分相近。不管买去了多少钱，当两人把新买东西展览欣赏时，其中一个提及钱的其余用处，故意来扫另一人的兴味的事情，绝不至于发生。

新的东西若是糖果，便吃掉它，若是花，就插到书桌上那个小小瓷瓶里去，一同忽远忽近的来欣赏它，若是衣料，就披在应把这衣料作衣的肩上去，指派这人在楼上来回走着，若是领带，就即刻掉换另一领带。必需到后两人中的一个，在另外一种声音一派空气中，仿佛醒觉似的记起了新取稿费正当的用途，两人才来谈及所取得的数目以及业经花去的数目。到这时节，倘若打算一下，剩下的又不够支配了，自然就又得派海军学生作那件老事了。因为房租不足或其他必需用款不足，海军学生挟了新买来的衣料，在康悌路，马浪路，贝勒路，各马路边沿上忙匆匆的走着，敏捷的钻入一个小押当石库门里，又敏捷的从这种大门中跑出，次数似乎太多了些，说来真毫不出奇了。

记述到这一点情形时，我总得想起：一种有秩序的生活，似乎正在有意识的逃避到这两个人，故总永远使两个人同小孩子一样。然而也正因为两人这分天真性情，才作成了两人此后的命运。丁玲女士早把一个妇人所必需的家务趣味与娘儿们计米较盐屯私房赚小钱的妇人当然性情失去，故两个人同时把成为俗人的机会也失去了。两人性情天真处，应遮盖了两人因天真而作出的荒唐与疏忽行为，因为它是美丽的，正如他们的天才一样，在俗人不易发现，不能存在的。

当时两人既异常努力，丁玲女士成绩又特别出众，恰当上海书业风起云涌的时节，正有若干读书人视新书业为利薮，各就手腕之修短，集股开办大小书店与刊物，各个书店刊物编辑人皆莫不介于劳力与资本家之中间。编辑人莫不有一面渊源，故两人皆不辜负这种机会，在生活督促与友谊督促两种意义中，用全力写了不少文章。

上海的《中央日报》总编辑彭浩徐，找海军学生去编辑那报纸副刊，每月有二百元以上稿费，足供支配，三个人商量了一阵，答应了这件事后，就把刊物名为《红与黑》，这红与黑成为此后《红黑》杂志的胎儿，正因为这刊物，后来才有《红黑》的计画。三人既应允了共同来维持这个刊物，由海军学生出面作事，海军学生每夜便得过望平街转角处一栋老旧房子里，从走动时吱吱嗝嗝的扶梯，爬上摇摇欲坠的三楼，坐在办公室一角，发出编好的稿件，就看总编辑一面写本报社论一面吸纸卷烟，直到副刊最后清样看过后，方坐了浩徐的大汽车回家。丁玲女士则有时同去，有时又独自在家中等候，或一个从报馆刚把事情办完，一个在家中的短篇小说也写成了。两人不管时间早迟，总仍然有许多话可谈，第二天仍然很早就爬起床来，继续做夜里未做完的事。

两人生活既然好了些，从前在北京时各处看房子的习惯，来上海时又恢复了。两人只想找一较干净住处，就终日各处跑去。法租界公园附近一带，每个贴了招租帖子的人家，两人皆似乎从这些人家后门走进去过一次或两次。两人用铅笔记下若干门牌和房价，有时还同二房东讨论一阵月租，说妥了，或预先还放下点点定钱，临出门时总嘱咐那房东说：“定下了，定下了，莫另租人，后天一定搬来!”（其实只须一出门，两人把收入一打算，便明白搬家太不容易，定钱又等于白送了。）这时节或者那二房东还会在后楼窗口边说：

“胡先生，二十八来，我就不租人!”

胡也频便抬起头来，向楼上人答话：

“当然的，你租了别人，我同你上巡捕房打官司去!”

说了这种趣话后又向身边丁玲女士眨眨眼睛，所下的定钱，仿佛因此就算是并不虚掷了。于是记起这定钱正需要作三天后的什么用处，两人又回家写小说去了。

两人迁入萨坡赛路一百九十六号时，两人皆十分快乐。所住的主人，是一个从某国做工回来的勤工俭学生，或者那时所有的办法皆从法国惯例，房租计需三十一元，包饭计需十六元，每餐限定用刀叉从盘中检取菜饭，每天却同样必有一碗黄花木耳汤，一碟盐水煮的红色虾米，一个带壳鸡子。房东尖嘴瘦脸，如同一个猕猴，说话时则一面伸手尽力抓著自己头发，一面把眉毛聚拢，好像被人逼著还账无法可想的神气。

这房东自己虽是那么一个无趣味的人，却有一个壮丽年青的女人，高个子身材，白白的脸，奶子高高肿起，手脚皆发育得异常齐全。男子虽然说已在某野鸡大学教书，女人似乎并不受过多少教育。女人处处还有乡下人爽直单纯的脾气，高兴时大声的笑，不高兴时就独自跑到楼下厨房去枯坐。丁玲女士看见这房东太太生活得那么寂寞，穿得衣服材料十分好却十分旧，问她是什么时候缝的，她就说这还是半年前结婚的东西。

女人并不算得怎样美，但完全的发育把四肢长得整整齐齐，同时也把肌肉充腴，皮肤膨紧，性情变得天真朴厚可爱了。

先是似乎因为客人房中有糖可吃，房东夫妇来海军学生房中攀谈时间便多了些，等到糖果完事后，房东太太业已成为两个房客的熟人，房东一出外，这女人便跑来同丁玲女士谈话了。

人熟了点，就可觉得出这女人总有些什么地方像匹壮实的兽物，又有些方面近于一个好人。结婚了五个月，五月里穿的单衣，到十月里还只是这唯一当家衣服，天气渐渐的冷下来，各地皆应当烧壁炉或预备其他御寒工具了，这女人则只能把大条毛巾裹在身上肩部与胸部，作成一背心模样，外面仍然罩上那件结婚丝质袍子。也正似乎因为双方皆熟了点，从前成为忌讳的皆忘去了，那留学生对于女人的苛刻也越发多了。海军学生与我皆在一种愤愤不平中故意不甚理会那留学生，却给了那个壮丽女房东一些殷勤与关切。当时两人——把丁玲算进去也可以称为三人，还曾经作出一种可笑的计划，以为当按照这种计划，如何使这女人同丈夫分离，信托我们，让我们改造她，培养她，使她成就一个非常的女人。

但因此一来，那壮丽女人却对于海军学生感到了好处，海军学生原来的计划，虽并不想把他自己穿插在里面，弄出各方面多少口舌和眼泪来，然到了他发现这女孩子的感情如何在每个日子中有所不同时，一点点好奇心或也曾经把他牵引到别一处去做了些小小胡涂的梦。并且过不久，在房东那方面，似乎就有了眼泪同口舌，事情成为趣剧的场面，各方面把事情的原来的真实意思皆弄歪曲了。两个人搬到这住处来，花了那么多钱，赁一间窄小的房子，主要的是能写作。如今既不能做正经事，反而生出些讨厌事情，两人皆觉得非迁个住处不可，恰好我住在新民村也正需要搬家，故商量去找一相当房屋，预备三人同时可以住下。

为了一种方便的原因，我们住处仍然选定了萨坡赛路，门牌为二百零四号。在那名为“新房子”的住处，三人中作为海军学生负责的，出了《红与黑》及《红黑》月刊，作为丁玲女士同我负责的，出了《人间》月刊，我们在各书店出版取名为第二百〇四号丛书的，计有单行本小说七种，海军学生 · · · · · · 的 · ·《光明在我们前面》，就在那房子里起首，丁玲女士的长篇《韦护》，也从这屋中二楼产生。丁玲女士一面尽全力写作，一面还把各处《红黑》订户名单，抄到封套上去，一面又忙着办种种杂务小事。第一期刊物在海军学生奔走下出版后，本埠各书店露眼处皆陈列了这本新出的刊物，刘既漂先生所设计的《红黑》封面，虽只那么两个大字，却非常厚重大方。我们三个人坐了车过四马路与北四川路各书店去看我们刊物，只见书店窗橱内皆陈列了这份杂志，且见到一些人拿了这杂志在手中翻阅，几个人便互相会心微笑着，从这一家书店溜出，又撞进另一家书店，快乐得真无言语可以形容。

回家后，大家谈着计算这刊物寄到各处后的情形，且想起书店中买书人情形，我们皆觉得应更谦卑一点来努力了。

过数日，我们轮流各处去打听刊物在本埠的销数，所得的消息使我们更觉得前途充满了希望。

我们自己知道各人的力量十分有限，几年来在十分卑微里努力，也只是希望各能尽点力于自己这分事业的信仰上。我们境遇那么糟，力量那么少，所知道的世界那么窄，我们把刊物办下去，文章作下去，同时也就是在学习创作学习生活。现在好像各方面皆有了光明，慢慢的，我们的态度得到了读者的同意，创作且成为一个新的趣味同一种新的方向了。但我们自己的打量呢？总觉得我们还是在学习。我们只是向一个辽远的理想迈步，同时这迈步认为是应当沉默的，无声无息的，故刊物在我们手中时，即或当时对于种种无味的批评，也从不加以辩诘与反击。这沉默又可以说是由于几人的稳重，或是由于几人的骄傲。是的，“骄傲”在几人中的确可以成为沉默的理由，几年来一般作者皆各在时会中推迁浮沉，若我们既不屑于攀援这种时代而随之浮沉，由于年青人的骄傲，设能极诚实的依凭自己点点微弱的信念，好好的写出些作品来，这骄傲除了妨碍到假文人的成名以外，还损害到谁的什么？

日子过去了。

半年余的忙碌，迫逼我们写了不少文章，告给了我们一分经验，使我们明白作者向商人分手，永远成为徒然的努力。另外则共同增加了一点儿债。这其间，在上海方面，则有某一时“普罗文学”的兴起，以及几于是反手间的“民族文学”的成立，两方面的作者与作品呢，作者名字那么多，且仿佛有许多人的名字还极其为年青人所熟习，至于作品却没有一个人能从记忆里屈指数得出他的数目。因为依上海风气，这些作家们照例是先成作家后写作品的，还常常使远地读者刚来得及知道他们的派别时，他们自己又早已新起炉灶成为另一种人了。

九

这活泼滑稽随风逐浪的精神，原不是中华民族本来的性格，然而一个文学发展史的叙述者，却可以把这种性格的形成，解释为“海派才情”与“商业竞卖”结合后当然的结果。

“说明这个社会这个民族的堕落与腐败，修正这个社会制度一切不能继续下去的错误，”把文学凝固于一定方向上，使文学成为一根杠杆，一个大雷，一阵暴风，有什么不成？文学原许可人作这种切于效率的打算。文学虽不能综合各个观点不同的作者于某一方向，但认清楚了这方向的作者，却不妨在他那点明朗信仰上坚固顽强支持下去。………………………

………，上海商人所支配的书业，则大半只在把一切作者，随时改成各样入时面目以引诱读者，作为赚钱牟利的张本，因此十年来的中国新文学，除掉一些不足道的新海派文人与永远皆在那里转变的投机份子外，也就正只是用着一批身在上海为商人帮闲而活着的闲人，一批置身大学顽固迂腐的教授，各自扮着种种小丑姿式，以个人生活上的恩怨与个人情感上的爱憎为基础，展开了理论的场面，在也算是争斗寻觅中打发了十年日子。十年来成名的教授迂腐如昔，一说话时总仍然只埋怨中国还无莎氏比亚或托尔斯泰。成名的闲人，则带着本身在各刊物上丑诋造谣的故事，走入老境里去，沉默了。其中凡稍稍乖巧的，则又另寻出路作其他事业去了。也有身不服老而又鲠直崛强的，带着游侠者的感情，在为弱小的事业与孤单的理想力主正义，则依然仿佛本身站在最前线上，作为人类光明的火炬，但自己在得失打算中既厌于执笔，不能写点自以为合乎理想的理想作品，也不能用什么有秩序的理论，说明所谓中国的纪念碑似的作品，是什么形式，须什么内容，在某种方法上某种希望里可以产生。只时时刻刻作着负嵎自固的神情，向近在身边受了威胁的小小一点，加以猛毒的一搏，却忘了大处远处自己所能作所应作的事情。

中国知道敬重英国作家的有人，爱好俄国作家的也有人，但这些人却并不需要认识本国自己的作家。读者间照例缺少作品抉择的能力，必需要批评者来作主。大多数的批评，既然只是书业中人所作的广告，结果则销行最好的书同时也就成为内容最好的书。教授的文学观念，战士的文学观念，······读者的趣味，莫不各在摧残中国文学的健康萌芽，使凡是有希望的作家，不为此一观念所拘束，就为另一观念所缠缚。···
························
·······················。……使人更觉得寂寞处，便是数及对于作家还有些微善意种种方面时，我们还不能不把上海经营新书业的商人安置于第一席。固为现在有人能从丁玲女士作品认识她爱敬她，且觉得她的作品美丽精深与伟大的，最应感谢就还是上海的书店大老板们！············

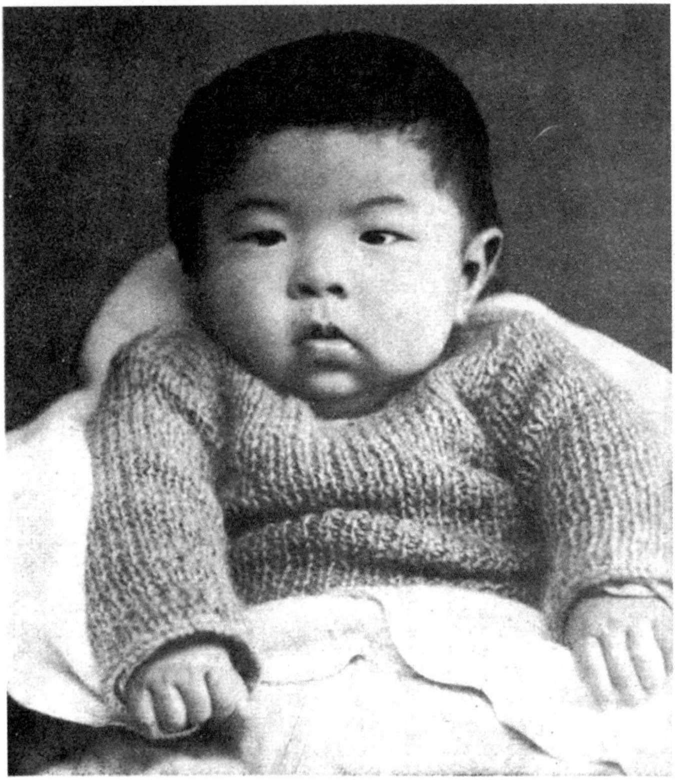

韦　护

丁玲之男孩

丁玲在环龙路

二十年在上海环龙路

同坐者作者之妹沈女士

十

我们所经营的事业，既在极其合理情形中宣告失败，三种刊物皆停顿了，自然也就轮到我们想起一件事情，便是如何设法来还债了。按照情形说来，则单是上海方面各书店积欠《红黑》的账款，若可结算清楚，已经就是一笔很可观的数目。但这种账目自然是无从清结的。外埠的账则按照习气，更毫无收回的希望。故我们皆想作点别的事情，好像不管是什么事情，只除了做官，我们皆预备去试它一试。

文章自然还得继续作下去。其时恰当普罗文学遭受禁止，民族文学遭受奚落，经营新书业者莫不徘徊瞻眺，不知所归，整个情况渐趋衰颓时节，我们作成的文章，如何找寻出路，因此就成了问题。感谢胡适之与徐志摩先生，在这方面便帮了我们很多的忙。我们有些书皆由他们手中转到书店去的。至于他们给我们的勇气，则似乎比给我们的帮助更可感谢的。（那时上海方面所谓左倾作家，对于他们是莫不以一种偏持感情，与某种小报相应合，造作过若干谣言，加以诬蔑的。然到后来海军学生因左倾事被逮捕时，所谓同志们，除袖手旁观外不闻作任何营救。为海军学生各处去电设法营救的，便也就正是成为所谓有“前进思想作家谣言与轻视之准的”的两人。）

我过吴淞中公教书约一个月后，适之先生听说海军学生夫妇，皆因为写文章已不能解决生活，便找他问是不是想作点事情，海军学生回家时，便从吴淞邀我过上海去商量，还是“死守残垒，在上海支持下去”较好？还是“暂变计划，向外省过些日子”较好？我的意见是这样子：

“原来就想作事，既有了作事机会，当然还是作事！”

商量结果结论也就只这样。但假若一个去外省做事，另一个又怎么办？便成为新的应当好好处置的问题。当时海军学生可去的有两个地方，一是山东高级中学，一是河南某中学，应去的地方既一时还不能决定，故丁玲如何也难于决定。后来海军学生已决定去济南，地方离上海不远，为了一个人教书方便，一个人写作方便，故两人就暂时分住两地。海军学生独去教书；丁玲女士则留在上海，仍然写她值三块钱千字的小说。萨坡赛路一九六号换了个二房东，仍然贴了招租条子，故她又仍然住在那人家三楼。

海军学生过济南时，两人原已约定，教书的应认真教书，不许成天写信，做文章的也应好好作文章，不许成天写信，必需半年后教书的赚了一笔钱，写文章的积下了一批文章，方可见面，再来讨论新的生活方法。这种计划当然极好，因为也只有这种计划，两人方能把生活展开，基础稳固。要作事顺手一点，似乎也非如此不可。

海军学生抱了满腔希望一脑子计划上火车后，为了实行两人计划，丁玲女士也当真写了些文章。海军学生则一到济南不久，就代理了高中部的文科主任。照此情形下去，如果两人能好好支持到年底，自然各人皆会有成绩。但两人似乎还像年青了一点，从上海过济南的信，大约总只说上海如何沉闷，如何无聊，从济南过上海的信，大约也总只说济南如何无朋友可以谈话，事又如何忙，学生又如何好。这样一来，济南的这一个既不能过上海，却已无理由不让上海那一个过济南了。

可是总共不到一百天，两人又从青岛回到上海了。两人一来住在环龙路某同三十三号，一见面问他为甚么又跑回来，就说济南不是教书的地方，风潮闹得不成样子。第二天，我又去找他们，海军学生方独自告我，他们回来简直逃脱的。只说省政府要捉他们两人，为闹风潮还是另外为别的事情，他不好好的说我也就不详细去问。照我估计则实在如另外那篇文章所提及的事情!

“山东学生皆身强力壮，仪容可观，也许因为风潮扩大，这海军学生估量自己瘦瘦弱弱的身个儿，不能同谁比武，记起君子明哲保身的格言，故即早跑开吧。”

过几天，我从冯沅君处多明白了些这两人从青岛逃出山东的原委，我当时可胡涂了。两人虽同当时左冀作家中态度极诚实的姚蓬子相识，同另外一个×也常见面，他们的生活，他们的信仰，是不会同某方面组织接头的。并且稍前一时··作家的露面，已因为······　····，加上种种由于自己理论自己态度，自己战略所造成的不良局面，到了退休的时节。左冀文学从商人看来，从多数人看来，仿佛已过了时，大凡聪明人，皆不会再去参加热闹了。“文学左翼”在是时已经是个不时髦名词，两人到这时节还检取这样一个过时的题目，在熟人看来恐怕无人不觉得希奇的。

我因此另外听到了些关于两人态度转变的说明，这说明当然是荒谬的，极不得体的。因为关于这转变，海军学生同我自己是也已谈过了的。他们把别人认为已经稍过了时的问题，重新来注意，来研究，来认识，推动他们的不是别的，却只是他们几年来对于社会现象认识的结论。他们不欲明白这问题适不适宜注意，却只看值不值得注意。他们觉得文学自由主义，与典型主义，一则容易使作者精力糟塌于官能感情的歌诵中，一则容易使读者情绪沉浸于历史倾慕概念上，前者使人放荡，后者使人衰老。……………………

好在上海不比济南，既然回来了，在租界上是不会被捉的。……………………，上海方面熟人多，文章处置总还不很费事。两人就照原来的生活方式，把日子打发下去，也许比教书还可以弄出点好成绩来。……………………

我们还想恢复《红黑》，作出各种可以使这刊物出世的打算。又希望来办个刊物，不需要什么报酬来作这件事。一切计划自然皆只证明我们依然还是小孩子，但凭了一点单纯的信仰，只想把一个刊物来逼我们努力，在努力中把我们文章写好，却毫不知道写文章以外尚有若干事情我们全不明白，若不明白则我们的生活，我们的文章，我们的理想，也就永远皆无出路。

两人初回来时，光华方面似乎还可从蓬子处接洽，卖些文章给登在《萌芽》杂志上，或将旧稿交给书店印书，但另外方面如《小说月报》《妇女》杂志等，文章就已生了问题。过不久，《萌芽》停了，书店又太穷，两人已不能按时拿钱，海军学生的稿件给《小说月报》的，给《新月》的，皆不合用，常被退回，丁玲文章送过《妇女》杂志的，也有了不能载出的问题。究竟为甚么呢？当时的各个编者是不说及的。照我想来则不外乎一，作者的作品切实了点，二，　····已到了不许商人从普罗作品赚钱的时节，因此两人文章便无法出脱了。左翼文学在中国当时既已成了博注上的“冷门”，无人关心过问。商人所支配的各杂志，皆不愿再接收这种作家的作品，书店也毫无印行这方面作品的意思，写成的文章不能卖出，已成集的文章更无主顾可寻，故两人不久就陷入非常穷困里去。

两人文章不能多写，性情也仿佛有了些变迁。平时生活虽拮据万分，却有说有笑，精神身体，亦极其健康。从济南回来便沉静了些，不必说一方面自然是过去一切不坚实的感情和观念，皆得在两个人一种反省下有所修正，另一方面则是社会使他们沉默了。

丁玲女士又应当自己来作娘姨厨子的工作，抹地板，洗衣，烧炉子，煮饭，为了经济，样样事情皆派在头上来了。

但同样是这个人，在北方却已十分著名。在北方，丁玲及《莎菲》《梦珂》，正成为大学生人人耳所熟习的名字。北方朋友来信时，总常常谈到关于她一本书在北方的种种影响，以及各样传说。在北方她成功了。但成功却不能使她的手不接近抹桌布。尽管有多少读者皆需要读她的新作，在上海方面，她却无从找寻一个发表她新作的杂志。北方她获得了广大的读者，南方的商人视线却已注意到《小学儿童故事》《呆女婿》《三国演义连环画》等等书籍编纂上，不再理会小说，更不愿印有被禁被罚的小说了。

海军学生是时大致已参加了某种活动，人更瘦了些，也更匆忙了些，走到任何处去总把眉毛凝聚成一条线，把手节骨捏得剥剥地响，且忽然又握紧了拳头，向空挥击。他似乎很容易生气，但所受的气来源却很远。好像这个人的理想有了一种事业把它凝固了，他实际上快乐而且健康，不过表面上看来与过去稍稍不同罢了。丁玲女士则表面上光润了些，感情却恬静多了。有时两人皆似乎在生气情形中打发日子，一件事不能作。但使他们愤怒的，却不是对面一个人的错误，只是为另外一样东西所引逗。两人已把情人们互相睨视的青年闲情抛去，共同注意到社会现象与未来理想上了。

两人为了一点思索，需要比目前更多的学问了，便很努力来阅读新出书籍，且重新预备要习英文日文。见了他们时，问他们“是什么一种计划，如此勤快用功”？丁玲女士总只是笑着，把一本日文读本向身后抛去，“去！怪字母，我不念你，我不想从你知道什么，我会自己跑到徐家汇杨树浦去。”我问她：“你是不是研究妇女劳工问题？”她就说：“这要研究吗？我才不必明白这些！我要学好日本文，看他们好翻译好著作。理论是告给大学生中学生的东西，作品方是真正大众的东西！”

我或者问海军学生："你呢，你难道也……"那海军学生最欢喜在人说话中间说话，我话还不说完他就说："我不满意目下人做的理论，我不欢喜那种理论。"

我应当说："我并不同你讨论这问题"，但我并不开口。

他们从济南回来是秋天十月，过了年，他们搬了两回家，再到第二年八月我过武昌时，他们一共搬了四次。他们正在逃避什么，只想把家搬到一个无多几人知道的隐僻住处去。他们为什么必需如此不怕麻烦的搬来搬去，我并不曾细究问过，却明白那是什么原因。从他屡迁住处的情形想来，这海军学生是逐渐将为人所注意，故不得不谨慎机警如山狐，避开他的敌人的。

每次我到他们那里，海军学生有事必须出门时，那个正蹲在地板上浣洗手巾或做别的事情的丁玲女士，必带着担心又带着关切神气，说着"又要去吗？""准备好了吗？""还无结果吗？"海军学生一句话不说走过来吻吻她的额部，或微带庄严如一个作爸爸的神气，拉拉蹲在地板上的一个，便橐橐橐的走下楼梯了。

我到武昌了后，来信问他们生活还有意思没有，海军学生回信常极简单，总是说"过得去"，"忙得很"，"妈妈虎虎"，一类话语，此后就说一点旁的几人所习惯的笑话。丁玲女士来信则只说信由什么转较好，同时问点武昌方面地方情形。从两人信上看来我总觉得两人皆强悍了许多。正譬如两人成天在注意那些粗暴人物的性情，粗暴人物的行为，粗暴人物的思想，自己也不由得不弄粗暴了似的。一份新的理性慢慢的正在这两个人灵魂上占了优势，把浮在生活表面的感情加以洗涤，加以澄清，两人渐渐的变得单纯起来了。使一个理想从空虚到坚实，就需要这种单纯，且必需把理想培养到这种单纯里，方能见出眩目的光辉。但这种性格，于海军学生方面，则毫无可疑可以作许多事情，发展他处置事务的长处，若影响于感情繁复的丁玲女士，则丁玲女士是不是还适宜于执笔握管有所写作？当时想来我就觉得十分可疑。因为我觉得海军学生生活方式有些方面应同丁玲女士取径不同，我就写信去上海告给他们一些意见。海军学生材能与勇气皆适宜于在事业上发展，丁玲女士却很明显可以看出“写作的天分”胜过“办事的材具”。两人若想把自己一点长处用到最适当的方面去，海军学生可以去作实际工作，丁玲女士则似乎只宜于作文化工作。我的意见所得的回答很好，海军学生有信说：“休，你来信说得是，不尽只那一个不应放下她那枝笔，便是我自己，也只能从另外一方面得些正当办法经验，再来从事写作。”我很相信他的话，我觉得这才是事。不过这海军学生，注意那些卑贱的世界，肮脏的人物，粗暴的灵魂，同那些东西接近，来从其中弄明白改造他们的方式，假若自己没有改造他们以前，先就为他们毁坏了自己，我们是不是还得想出一个新的办法？海军学生很显然的，还是个理性难于驾驭自己感情的人，・・・・・・・・・・・，对历史智识又稍少了些，勇敢处使他可以作出分事业，那是毫无可疑的，不过同时这种勇敢处，也就可以成为疏忽，将他自己带入面前深阱里去。并且我很担心在那分生活里，丁玲的一切是会牺牲在意料中的。我将我的感想告给他们时，丁玲来信就说："……知道得太多，我们什么事皆不能做了。我们现在只尽我们能够做到的做去，这里不容许个人对于成败个分作计较。"

一月里武汉大学放了寒假，我便过了上海。

编者语

沈从文先生所著记丁玲一稿，原文较本书所发表者多三万余字，叙至一九三二年为止，因特种原因，目前未克全部发表，特志数语，以告读者。

图书在版编目（CIP）数据

记丁玲 / 沈从文著. — 北京：中国国际广播出版社，2013.1
（良友文学丛书）
ISBN 978-7-5078-3546-5

Ⅰ.①记… Ⅱ.①沈… Ⅲ.①丁玲（1904～1986）—传记 Ⅳ.①K825.6

中国版本图书馆CIP数据核字（2012）第265631号

记 丁 玲

著　　者	沈从文
责任编辑	张娟平　杜春梅
版式设计	国广设计室
责任校对	徐秀英
出版发行	中国国际广播出版社（83139469　83139489[传真]）
社　　址	北京复兴门外大街2号（国家广电总局内） 邮编：100866
网　　址	www.chirp.com.cn
经　　销	新华书店
印　　刷	环球印刷（北京）有限公司
开　　本	620×920　1/16
字　　数	60千字
印　　张	8
版　　次	2013 年 1 月　北京第一版
印　　次	2013 年 1 月　第一次印刷
书　　号	ISBN 978-7-5078-3546-5/I・379
定　　价	35.00元

CRI 中国国际广播出版社　欢迎关注本社新浪官方微博　官方网站 www.chirp.cn

人文阅读与收藏·良友文学丛书

(1)	鲁　迅　编译	竖　琴
(2)	何家槐　著	暧　昧
(3)	巴　金　著	雨
(4)	鲁　迅　编译	一天的工作
(5)	张天翼　著	一　年
(6)	篷　子　著	剪影集
(7)	丁　玲　著	母　亲
(8)	老　舍　著	离　婚
(9)	施蛰存　著	善女人行品
(10)	沈从文　著	记丁玲
	沈从文　著	记丁玲续集
(11)	老　舍　著	赶　集
(12)	陈　铨　著	革命的前一幕
(13)	张天翼　著	移　行
(14)	郑振铎　著	欧行日记
(15)	靳　以　著	虫　蚀
(16)	茅　盾　著	话匣子
(17)	巴　金　著	电
(18)	侍　桁　著	参差集
(19)	丰子恺　著	车箱社会
(20)	凌叔华　著	小哥儿俩
(21)	沈起予　著	残　碑
(22)	巴　金　著	雾
(23)	周作人　著	苦竹杂记　（暂缺）